Peter Lichtefeld

Tenpa kehrt zurück

Ganz gleich,
ob wir sachlich,
kritisch,
wissenschaftlich,
abergläubisch
oder religiös sind -
wir alle glauben an etwas.
Selbst die kritischsten Ungläubigen glauben
an ihre eigenen 'Götter' der Vernunft und Logik,
an ihre persönliche Einschätzung der Wahrheit.

Dzongsar Khyentse Rinpoche

Gebt mir den Mann,
Der nicht Knecht ist der Leidenschaft,
und ich will ihn im Herzgrund tragen

Hamlet

Heißer Sommer am Stadtrand von Kiel. Unterwegs im Geländewagen über eine unebene Schlammpiste, sie mit Lockenkopf, er mit strähnigen Haaren. Ihre unbekümmerte Direktheit, die keine Angst zu kennen schien, das naive Selbstbewusstsein, offenherziges, lebenslustiges Lachen und schließlich ihre schwarze Haarpracht, die sie mit einer riesigen Spange notdürftig gebändigt hatte, all das ließ in ihm das Gefühl erwachen, die Richtige gefunden zu haben. Nach einer Bodenwelle hob der Wagen ab. Sie landeten in einer tiefen Wasserlache, Dreck spritzte in alle Richtungen, die Räder drehten durch, bohrten sich immer tiefer in den Morast. Bis nichts mehr ging. Er wusste, was zu tun war, sie verstand sofort: barfuß knietief im klebrigen Schlamm stehend die Metallschienen vor die Hinterräder in den Morast bohren und schnell wieder in den Wagen klettern, er legte die Untersetzung ein, ließ im ersten Gang ohne Gas die Kupplung ganz langsam kommen und Sekunden später hatten sie wieder festen Boden unter den Rädern. Er schaltete erschöpft den Motor ab, sie wischte ihm braune Fetzen aus dem Gesicht. Ihre Blicke trafen sich, fröhlich lachten sie sich an.

EINS

Sternenklare Nacht. Unweit der Grenze zu Nepal, dort, wo die Ausläufer des Himalaya die indische Tiefebene liebkosen, klebt das kleine Kloster einer tibetischen Exilgemeinde steil am Berghang. Hinter den Mauern liegt er auf der Matratze, Blick auf den Wecker, dessen Ticken die Stille begleitet. 4.40 Uhr.

Er braucht ihn schon lange nicht mehr. Dennoch stellt er ihn jeden Abend. Eine Gewohnheit, die ihn an seine Anfänge erinnert, als er sich so schrecklich schwer tat, früh aus dem Bett zu kommen. Wochenlang musste er gegen die Müdigkeit ankämpfen, schlief tagsüber immer wieder ein, während er beim Zubettgehen hellwach war.

Lange ist das her.

Als das Rasseln die Stille zerreißt, schaltet er den grünen Wecker ab, reckt sich, entledigt sich seines gestreiften Schlafanzuges, schlüpft in ausgetretene Plastiklatschen, tritt nackt an die Waschschüssel. Das Wasser ist ebenso kalt wie die Luft in dem winzigen, kargen Raum ohne Heizquelle. Grob gezimmertes Holzbett, Lehmwände. Zügig und gleichzeitig sorgfältig, ohne Hektik, wäscht er sich mit Waschlappen und Seife. Tenpa, kahlgeschoren, schlank, stattlich, Augen blau und klar.

5

Über dem Bett an der Wand ein Foto vom menschenleeren Strand. Das Meer glitzert in der Sonne, in der Ferne ein Schiff. Ein Polaroid daneben hält den 28. August 1995 fest: Ankunft Flughafen Neu-Delhi, Bernhard Lange, 35 Jahre, zottelige Haare, geschulterter Rucksack, verlorener, kindlich trauriger Blick.

In einer Kiste Kleidung und Wäsche, auf dem Tisch Bücher und Schreibutensilien, davor ein Holzschemel mit den roten Kleidungsstücken aus Wollstoff. Das Anlegen der Gewänder, die weder Knöpfe noch Reißverschlüsse haben, ist kompliziert und erfordert erhebliche Achtsamkeit. Mit routinierten Griffen rafft er das lange, äußere Gewand bis zu den Knien, gürtet es in der Taille.

Der Wecker zeigt 4.55 Uhr.

Nach und nach treffen sie in der Gebetshalle ein, kahlgeschoren und in roten Gewändern. Ihr Arbeitstag beginnt. Hundertzwanzig Mönche, die meisten Anfang bis Mitte zwanzig, einige wenige deutlich jenseits der fünfzig. Tenpa hat wie alle das längliche Kästchen dabei, in dem sich die Gebetstexte als Loseblattsammlung befinden. Jeder wirft sich, sobald er den Raum betritt, nieder in Richtung Schrein, auf dem eine vergoldete Buddhastatue steht. Mit ausgestreckten Fingern, die Handinnenflächen aneinander, so hebt er seine Hände, wie wenn er beten würde, vor Stirn, Hals und

Herz, lässt sich zu Boden gleiten, streckt sich aus, erhebt sich wieder, nimmt die Hände erneut hoch. Dreimal. Manche der jungen Mönche quälen sich müde zu ihrem Platz, andere plaudern munter. Einer hat Probleme mit seinem Walkman. Tenpa widmet sich bereitwillig dem Gerät, da betritt der Umdzé den Raum, der Leiter der Gebetspraxis. Alle beeilen sich, auf ihre Plätze zu kommen. Tenpa reicht dem jungen Mann den Walkman zurück und verspricht, das Problem nach der Frühstückspause zu lösen.

Sobald der Umdzé sich in der ersten Reihe im Schneidersitz niedergelassen hat, verstummt die Tuschelei. Alle nehmen auf ihren Sitzkissen die Meditationshaltung ein. Rücken aufrecht, Hände ruhen sanft auf den Knien, entspannt und gelassen. Achtsam und konzentriert, den Blick ausgerichtet auf die Statue des Buddha. Niemand bewegt sich. Sekunden später erfüllt eine tiefgründige Stille den Raum. Eine Stille, die für Tenpa gleichermaßen Friedlichkeit und Kraft ausstrahlen kann. In der sich Vergangenes und Zukünftiges im gegenwärtigen Moment auflöst. Immer wieder gelingt es ihm, in dieser Bewegungslosigkeit zu verweilen und sich der grenzenlosen Freiheit gewahr zu werden, die in wenigen Augenblicken Kopf und Herz durchflutet, spielerisch leicht, mühelos, verlässlich.

Fünf Uhr. Der Umdzé nimmt den samtbeschlagenen Holzklöppel und schlägt ihn gegen die Außenwand

7

der Metallschale. Kurz und kraftvoll. Behutsam. Ein einziges Mal. Wohltuend hallt der dumpfe, mächtige Klang des Gongs geraume Zeit nach, wird kontinuierlich leiser und schließlich in die Stille hinein befreit. Der Umdzé erhebt seine Stimme und beginnt den Chant. Die anderen Mönche stimmen mit ein, manche begeistert mit leidenschaftlicher Kehle, andere murmeln die tibetischen Gebetstexte vor sich hin. Tenpa ist heute unüberhörbar voll in seinem Element und schmettert mit im Takt des schnellen Sprechgesangs, den Oberkörper hin und her wiegend, sich mit anderen Mönchen zulachend. Das Umblättern der losen Seiten im richtigen Moment ist in Fleisch und Blut eingegangen. Synchrones Rezitieren schallt durch den Raum, rhythmisch ohrenbetäubend laut begleitet von Trommeln, Hörnern und Trompeten, die von denen geblasen oder geschlagen werden, die in der ersten Reihe sitzen. Mitten unter lauter Asiaten der einzige Europäer: Tenpa, früher Bernhard Lange, zweiundvierzig.

Zwei Stunden später. Der spirituelle Leiter des Klosters ist eine charismatische Erscheinung. Er sitzt unterhalb der Buddhastatue auf einem Sofa und gibt in Tibetisch eine Unterweisung. Sein Blick wirkt streng und strahlt gleichzeitig unermessliche Liebe aus. Der einzige im Gebetsraum mit Haaren auf dem Kopf, glatt und schwarz. Die Schüler machen sich

8

Notizen, konzentriert auf die Worte des Meisters. Oder tauschen heimlich Fotos von Filmstars. Oder schreiben sich Zettel, die sie sich gegenseitig zuwerfen. In der naiven Hoffnung, dass es der Meister nicht merkt. Tenpa hört seinem Lehrer in aufrichtiger Absicht zu, bestrebt, das Gesprochene in all seiner Tiefgründigkeit begreifen zu wollen. Offenen Herzens gibt er sich Mühe. Das Wörterbuch liegt unbenutzt neben ihm. Den tibetischen Worten kann er folgen, wenn auch nicht ohne Anstrengung. Freude kommt auf, wenn er glaubt, etwas verstanden zu haben, gelassen bleibt er, wenn sich ihm der tiefere Sinn noch nicht erschließt.

Während die jungen Mönche Fußball spielen, hocken die Älteren in der Sonne und plaudern. Einer von ihnen ist Sangye. Sein Blick, seine Gesten, seine gesamte Körperhaltung, Gelassenheit und Mitgefühl pur. Er sitzt mit Tenpa abseits. Der lernwillige Europäer konnte nicht schnell genug mit dem Mittagessen fertig werden, um mit seinem 'Nachhilfelehrer' erworbenes Wissen zu vertiefen. Regelmäßig gibt ihm Sangye in der Mittagspause Erklärungen. In seinem asiatischen Englisch erscheinen dabei selbst komplexe Gedankengänge einfach und leicht. Heute sollen die sechs transzendenten Vollkommenheiten wiederholt werden, die 'Paramitas'. Tenpa hatte bereits zu Beginn seines klösterlichen Lebens begriffen, warum

Wiederholung so wichtig ist im buddhistischen Studium: Nicht intellektuelles Verständnis steht im Vordergrund, sondern verinnerlichtes Begreifen, das zum Verkörpern des Gelernten im täglichen Handeln führen soll.

Er zählt die sechs Paramitas auf. Großzügigkeit, Disziplin, Geduld, freudiger Eifer, Konzentration, Weisheit. Für ihn persönlich ist die Paramita Disziplin die Basis des monastischen Weges. Weil es dabei um das Vermeiden der zehn negativen Handlungen geht. Diese sind dem Novizen aus Deutschland seit Jahren in Fleisch und Blut übergegangen, schließlich stellen deren Vermeidung die Basisgelübde dar: Töten, stehlen, sexuelle Handlungen, lügen, Zwietracht säen, verletzende Worte, unnützes Gerede, Habgier, anderen Schlechtes wünschen, falsche Anschauung - wie jeder andere Mönch ist auch Tenpa die Verpflichtung eingegangen, diese negativen Handlungen nie wieder zu begehen. Seit Jahren müht er sich redlich.

Auf Sangyes Bitte will er gerade beginnen, die verschiedenen Begründungen in den einzelnen Kommentaren der Gelehrten für die Einhaltung der sechs Paramitas darzulegen, da taucht ein kleiner Mönchsjunge vor ihm auf und überreicht ihm einen Brief.

Nach langer Zeit mal wieder Post aus der Heimat. Er öffnet den Brief und liest. Kann nicht fassen, was da steht. Schaut seinen asiatischen Freund an, zutiefst betroffen und gleichzeitig mit wachsender Entschlossenheit.

»Ich brauch eine Woche Urlaub.«

Sangye schmunzelt amüsiert und schüttelt den Kopf.

»Du willst unseren Meister ernsthaft fragen?«

»Er wird mich verstehen.«

Der Bahnhof von Bad Kleinen in Nordwest-mecklenburg wurde am 27. Juni 1993 in ganz Deutschland bekannt. Knapp zehn Jahre später, an einem frühen Morgen im März 2002, liegt der Bahnhof still und friedlich in der kalten Sonne. Hinter einer Baumreihe glitzert das Wasser des Schweriner Sees. Keine Informationstafel erinnert an die Ereignisse, die damals in den Medien als 'Desaster deutscher Fahndungsgeschichte' eingestuft wurden.

Das mächtige alte Bahnhofsgebäude ist herunter-gekommen und für die Öffentlichkeit gesperrt. Es ruht leer und verlassen in der Mitte zwischen den beiden überdachten Bahnsteigen, die durch eine behinderten-ungerechte Unterführung miteinander verbunden sind. Der kleine Schienenbus nach Stettin steht wartend am Bahnsteig, einige Reisende sind ausgestiegen um schweigend zu rauchen.

Der Regionalexpress aus Hamburg wird angekündigt und bald darauf ist es mit der mecklenburgischen Ruhe vorbei. Die gelbgrünen Doppelstockwagen der Ostdeutschen Eisenbahngesellschaft fahren am Gleis gegenüber des Schienenbusses ein, Türen öffnen sich, Reisende steigen aus und um. Während aus den Lautsprechern Durchsagen über Zuganschlüsse dröhnen, steigen einige in den Schienenbus. Die meisten jedoch eilen durch die Unterführung, um zu dem Bahnsteig zu gelangen, auf dem die Züge Richtung Lübeck fahren.

Wie jeden Morgen chanten auch heute im Gebetsraum des tibetischen Klosters die Mönche ihre morgendlichen Mantren, kraftvoll verstärkt durch die Trommeln, Hörner und Trompeten. Nur ein Platz ist frei. Tenpas Platz.
Er ist der letzte, der aus dem Regionalexpress aussteigt. Kahlgeschoren, in roten Roben und mit Reisetasche. Seit über vier Tagen unterwegs. Dennoch wirkt er seltsam entspannt. Anstrengend und beschwerlich war die Reise gewesen, vom Kloster hinab in die indische Ebene. Zu Fuß hinunter zum Dorf, stundenlang auf dem Lastwagen bis in die Kleinstadt, am nächsten Morgen weiter mit dem Bus. Aufgewühlt, unruhig, voller Angst vor dem Aufkommen seiner alten Frustgefühle war er die Stufen vom Kloster hinabgestiegen. Angst zu scheitern, schwach zu werden, in altbekannte Muster und Leidensgewohnheiten zu verfallen, seine Gelübde zu verletzen und nicht mehr ins Kloster zurückkehren zu dürfen. Aber als er dann schließlich zwei Tage später in Neu-Delhi auf dem Flughafen

stand, dort, wo er vor sieben Jahren gelandet war, als alles zu Ende war und gleichzeitig neu anfing, da lösten sich seine Ängste vor den Herausforderungen und Gefahren des unmittelbar vor ihm liegenden gewöhnlichen Lebens urplötzlich auf. Inmitten dieser vielen Menschen, die alle irgendein Ziel irgendwo in dieser Welt hatten, die alle von ihren großen und kleinen Hoffnungen und Nöten geleitet wurden, inmitten dieser uferlosen Eindrücke, kehrte eine seltsam anmutende Gelassenheit in ihm ein. Es war die Gewissheit, seinen Platz in dieser Welt für immer gefunden zu haben. Tiefe Zufriedenheit, die auf seiner Zuflucht zum Buddha, zur monastischen Gemeinschaft und zu den Lehren basierte. Deutlich wie nie spürte er in sich eine Ahnung von innerer Stärke aufflackern, einer Kraft, die unabhängig war von äußeren Einflüssen und Bedingungen und jenseits erklärender Worte.

Die Zuversicht war da, alles zu meistern, was in Deutschland auf ihn zukommen mochte, was immer es auch sei.

So steht er also in Bad Kleinen auf dem Bahnsteig und die Angst ist verschwunden. Da ist der Mönch, wie es die deutsche Umwelt von ihm erwartet. Friedvoll, freundlich und gelassen, so hört er dem Schaffner zu, der ihm eifrig den Weg zu seinem Anschlusszug erklärt, auf den er fast eine Stunde warten muss. Er bedankt sich und nimmt die Unterführung. Am anderen Bahnsteig angekommen

13

entdeckt er einen Kiosk und tritt kurz entschlossen ein.

In dem engen Laden stehen zwei Männer an dem einzigen Stehtisch, trinken stumm ihr morgendliches Bierchen und tun so, als wäre kein Mönch zur Tür hereingekommen. Sein Gruß wird nicht erwidert. Er nimmt die Zurückhaltung der Einheimischen zur Kenntnis und betrachtet das Angebot des Kiosks. Süßigkeiten, Kondome, Nikotin, Alkohol, Zeitschriften, eingeschweißte Pornohefte. Aus früheren Zeiten unangenehm vertraut und gleichzeitig eine Ewigkeit entfernt. Fremd. Tenpa wendet sich ab, entdeckt die Vitrine mit den belegten Brötchen und die Verkäuferin hinterm Tresen, die ihn beobachtet. Er geht auf sie zu. In der Ecke neben dem Bockwursttopf steht ein Wasserkocher nebst Teebeuteln.

»Einen Tee bitte.«

Freundlich blickt die Verkäuferin ihn an. Er spürt ihre Skepsis. Ohne zu zeigen, was in ihrem Kopf vorgeht, wendet sie sich ab und schaltet den Wasserkocher ein.

»Und ein Brötchen mit Leberwurst.«

Die Frau dreht sich um zu ihm, mustert erneut misstrauisch seine roten Roben und deutet fragend auf eine Brötchenhälfte. Überzeugt davon zu wissen, was die Frau denkt, nämlich dass es ihm verboten sein soll Fleisch zu essen, nickt er bestätigend. Ja, sie hat richtig verstanden. Mit Leberwurst.

Wenn sie wüsste, wie sehr er Leberwurst liebt. Und wie lange er sie missen musste. Gefühlt Jahrzehnte! Nun will er natürlich nicht den Eindruck erwecken, er sei unfähig, seine Gelübde einzuhalten. Einen kurzen Moment überlegt er, ob er ihr erklären soll, dass ein spiritueller Weg nichts mit Essgewohnheiten zu tun hat. Doch bevor seine Entscheidung gefallen ist sich zu äußern oder auch nicht, packt die Verkäuferin seine angenommenen Vorurteile beiseite, nimmt das Wurstbrötchen, legt es auf eine Serviette und tippt Zahlen in ihren Taschenrechner.

»Zwei Euro achtzig.«

Er zählt das Geld genau ab und legt zwanzig Cent dazu.

»Vielen Dank.«

Während sich der Wasserkocher lärmend Mühe gibt, das Teewasser zu erhitzen, kommen die beiden Männer am Stehtisch zu dem Entschluss, dass ein zweites Bierchen nicht schaden kann.

Nachdem der frühere Verkehrsexperte die Fahrplanaushänge auf dem Bahnsteig mit fachmännischem Blick studiert hat und dabei wohlwollend zur Kenntnis nahm, wie viele Zugverbindungen es an diesem kleinen Kreuzungsbahnhof immer noch gibt, sitzt Tenpa als inzwischen einzig verbliebener Reisender auf einer Bank in der Sonne. Jeder Biss in das Leberwurstbrötchen ist ein Genuss. Wie herrlich es doch sein kann, in der Heimat zu verweilen.

Die Züge nach Wismar, Stettin und Rostock sind abgefahren. Doch bald schon wird die auf dem Bahnhof eingekehrte Ruhe gestört durch zwei sehr deutsch aussehende Jugendliche mit Bierdosen in der Hand, die grölend die Böschung herunterstolpern, über die Gleise klettern und auf ihn zu kommen. Er schaut die Jungs offenherzig an, denen die durchsoffene Nacht mehr als deutlich anzusehen ist. Sie nehmen erst jetzt den Mönch wahr, verstummen auf der Stelle und grüßen still. Er grüßt zurück. Kaum sind sie an ihm vorbei, können sie sich vor Lachen nicht mehr halten.

Er trinkt von dem Tee und wundert sich etwas über den Geschmack.

Über die Schulter des Zugführers beobachtet er, wie der Schienenbus auf der eingleisigen Strecke seine Fahrt verlangsamt und sich einem schmalen, menschenleeren Bahnsteig nähert, der an einem Bahnübergang in der flach gewellten Landschaft liegt. Ein verlorener Haltepunkt mit offenem Wartehäuschen aus Blech. Der 'Bahnhof' von 'Schloss Glankow'. Die Regionalbahn kommt zum Stehen. Zischend öffnet sich die vordere Tür. Er bedankt sich beim Zugführer für das Fachgespräch über Zeittakte und Reisegeschwindigkeiten und steigt aus.

Ein Papierkorb, eine defekte Bahnhofsuhr, ein trauriger Fahrplan. Neben den Abfahrtszeiten in der

Vitrine informiert ein vergilbtes Blatt den Reisenden darüber, dass er sich dem ankommenden Zug deutlich zeigen muss, damit er hält. 'Schloss Glankow' ist eine Bedarfs-haltestelle.

Tenpa wartet, bis die Tür wieder schließt und der Schienenbus weiterfährt. Einige Rehe stehen friedlich grasend am Waldrand und haben sich von dem Zug nicht beeindrucken lassen. Erst als sie den Mönch hinter dem abfahrenden Zug entdecken, flüchten sie in den Wald und sind nach wenigen Sprüngen im Dickicht verschwunden. Die Schranken am Bahnübergang öffnen sich. Er geht den schmalen Weg bis zur Straße und schaut sich suchend um. Kein einziges Schild weist die Richtung. Weit und breit ist nichts und niemand zu sehen. Kein Haus, kein Mensch, kein Auto. Die Landstraße schweigt zwischen den braunen Feldern. Schwer vorstellbar, dass es hier ein Schloss geben soll, wie es der Name der Bahnhaltestelle verspricht.

Er malt sich aus, wie die jungen Mönche sich beim Frühstück die Mäuler darüber zerreißen, was Tenpa fernab der Gemeinschaft wohl alles anstellen wird. Niemand kann ihn schließlich überprüfen.

Ein verschmitztes Lächeln umspielt seine Lippen. Als wenn er die räumliche Nähe zum Meister nötig hätte, um seine Verpflichtungen einzuhalten. Schließlich weiß er ja, warum er die Gelübde eingegangen ist, vor allem das eine, das zu erotischer

Enthaltsamkeit verpflichtet. Gelübde sind Hilfsmittel, die ihn darin unterstützen, ohne Schwierigkeiten seinen buddhistischen Weg zu gehen. Auch dank Sangye hat er vieles verstanden. Vor allem, dass er selbst und niemand anderes der Chef seiner Gedanken ist. Selbst Begehren, Verlangen, Gier, all das hat seinen Ursprung im eigenen Gehirn. Das ist für ihn eindeutig klar. Und beruhigend. Schließlich lernt er seit Jahren, wie er mit Achtsamkeit all seine Gedanken beobachtet, um sich nicht von ihnen bestimmen zu lassen: mitfühlend sich selbst gegenüber, jedoch ohne zu werten. Das heißt, ohne sie zu unterdrücken oder in ihnen zu schwelgen.

Er stellt seine Tasche am Straßenrand ab, setzt sich in die Hocke, lässt alle Gedanken beiseite, wartet. Bald schon taucht auf der Landstraße, gleich hinter dem Waldrand, ein alter Trecker mit Jauchenwagen auf und überquert rumpelnd das Bahngleis, am Steuer ein finster dreinblickender Bauer. Der Mönch erhebt sich, nimmt seine Tasche, doch der Bauer fährt vorbei. Ohne den Fremden mit seiner seltsam auffälligen Kleidung eines Blickes zu würden. Irritiert schaut Tenpa dem Treckerfahrer hinterher. Der steuert sein dröhnendes Gefährt zielsicher auf das angrenzende Feld.

Nicht um den Acker mit Jauche zu düngen, sondern um unverzüglich und mit Schwung einen Halbkreis zu fahren und zurück auf der Landstraße Richtung Bahnübergang direkt vor dem Fremden zum Halten zu kommen. Durch das ruckartige Halten ergießt sich Jauche aus der Tanköffnung und spritzt auf die Straße. Tenpa kann seine Tasche gerade noch rechtzeitig zurückziehen. Der Bauer deutet ihm mit einer kaum sichtbaren Kopfbewegung an aufzusteigen. Tenpa, dem die Schweigsamkeit der Mecklenburger zu gefallen beginnt, nimmt seine Tasche und klettert nicht ungeschickt auf den Notsitz des Treckers, eine gebogene Stange auf dem gewölbten Schutzblech des riesigen Rades. Der Bauer fährt über den Bahnübergang in die Richtung, aus der er gekommen ist. Anscheinend gibt es für ihn keinen Zweifel, wo der Mönch hinwill.

Tenpa wird mächtig durchgerüttelt, hält sich aber tapfer an der Stange fest. Kurz hinterm Bahnübergang biegt der Trecker in ein Waldstück ein. Zielstrebig geht es ab über den schnurgeraden, holprigen Weg. Keine Reaktion deutet an, was der Bauer von dem seltsamen Fahrgast neben ihm auf dem Notsitz hält, der sich über die Mitfahrgelegenheit freut und erhobenen Hauptes den deutschen Wald genießt. Ein schönes Stück Heimatgefühl schwappt in ihm hoch. Gleichzeitig versucht er mit aller Kraft und beiden Händen die Stange zu halten, um nicht durch die immensen Erschütterungen zu Boden geschleudert zu werden. Von keinem indischen Lastwagen ist er jemals so durchgerüttelt worden wie von diesem alten sozialistischen Trecker.

Am Rande des Waldes angekommen stoppt der Bauer abrupt, deutet auf das Ortseingangsschild von Glankow und blickt seinen Mitfahrer mahnend an. Der versteht sofort, steigt ab und blickt dem Bauern nach, der ohne Abschiedsgeste rasch davon fährt Richtung Dorf, das in einiger Entfernung hinter ausgedehnten Wiesen auftaucht. Tenpa nimmt es hin - der Bauer will offenbar nicht zusammen mit ihm gesehen werden - und folgt ihm zu Fuß, vorbei an frisch geschnittenen Trauerweiden, die den Feldweg säumen.

Auf der schmalen Dorfstraße lässt er sich von einem chromblitzenden Landrover mit Überrollbügel beeindrucken, der gefährlich nah an ihm vorbeibrettert. Mit so einem mächtigen Roadster würde er verdammt gerne mal wieder... Er lässt den Gedanken gleich wieder fallen und geht weiter. Kurz darauf zweigt neben einem verfallenen Stall eine überraschend breit angelegte Straße ab, an deren Ende neben flankierenden Nebengebäuden ein beeindruckendes, einfach und schön restauriertes Gebäude in der Sonne liegt.

Schloss Glankow, das erste Ziel seiner langen Reise.

Tenpa schreitet auf den breiten, frisch gepflasterten Vorplatz des Schlosses zu. Die rechteckige, klare Architektur des Gebäudes mit dem Eingang genau in der Mitte lässt das Haus mächtig erscheinen; die Form der symmetrisch angeordneten Fenster deutet auf eine ungewöhnliche Raumhöhe hin; zwei Stockwerke und ein Dachgeschoss mit kirchenähnlicher Glocke; eine kleine Freitreppe führt zur Eingangstür.

Einerseits strahlt das Gebäude Sicherheit und Verlässlichkeit aus, andererseits scheint von ihm auch etwas Bedrohliches auszugehen. Doch was soll's. Er hat das Angebot von Martinas Stiefschwester, hier zu wohnen. Also geht er auf den Eingang zu. Ein Blick auf die Briefkästen hilft nicht weiter. Auf den Schildern stehen nur Nummern. Er nimmt die wenigen Stufen zur Eingangstür. Eine Klingel gibt es nicht. Er blickt sich noch einmal um, wie wenn er sich vergewissern wollte, dass ihn auch wirklich niemand beobachtet, dann drückt seine Hand die alte messingverzierte Türklinke und die Tür öffnet sich geräuschlos.

Er steht in einem großen Vorraum. An einem Tisch direkt neben dem Eingang präsentieren sich Kunstzeitungen und Prospekte von Ausstellungen, an der Wand hängen gerahmte Fotos, Texte und Zeichnungen, die die wechselhafte Geschichte des Schlosses erzählen, von seiner Erbauung 1763 als Sommerresidenz durch einen Hamburger Kaufmann bis zur heutigen Nutzung als gefördertes Künstlerhaus. Tenpa geht über die alten Steinfliesen auf eine gegenüberliegende Flügeltür zu, öffnet sie und steht im Treppenhaus. Zwischen den Aufgängen einer gigantischen Freitreppe sitzt eine Frau in der offenen Gemeinschaftsküche am Ende des langen Tischs und frühstückt. Kaum sieht sie den Mönch, erhebt sie sich. Sie trägt ein schulterfreies, elegantes Kleid, ihr engelsgleiches Gesicht lächelt ihn an.

Früher hätte es ihn schwer verunsichert, wenn er dem interessierten Blick einer so bezaubernden Frau ausgesetzt gewesen wäre. Lange schon jedoch braucht er sich über solche Gefühle keine Gedanken mehr zu machen.

»Guten Morgen.«

Unbeeindruckt wartet er, bis sie auf ihn zukommt.

»Bernhard Lange?«

Er nickt.

»Ich bin Verena Herrmann. Schön, dass du da bist. Herzlich Willkommen auf Schloss Glankow.«

Freundlich reicht sie ihm die Hand. Er zögert. Ordinierte sollten Männern wie Frauen mit derselben mitfühlenden, vorurteilsfreien Freundlichkeit begegnen. Allerdings dürfen Mönche Frauen nicht berühren. Das schließt die Begrüßung mit ein, die üblicherweise mit einer leichten Verbeugung zum Ausdruck gebracht wird. Doch da seine Motivation ohne Hintergedanken ist, holt er schließlich eine Hand aus der Robe und schüttelt ihre. Wie er später von der jungen Frau erfährt, leitet sie als Vorstandsmitglied des Fördervereins die Künstler-residenz.

Offenherzig schaut sie ihn an. In ihrem Blick glaubt er

zu erspüren, dass seine Erscheinung nicht ihrer Erwartung entspricht von jemandem, dem vieles im Leben verboten ist. Es lässt ihn unbeeindruckt. Sie scheint erheblich jünger als Martina zu sein, der sie in keiner Weise ähnelt. Eine einladende Geste von ihr und er folgt ihr die Treppe hinauf in den ersten Stock.

Wie liebevoll sie ihr Einzimmerapartment für den Gast hergerichtet hat. Die kleine Küchenzeile ist pikobello geputzt und aufgeräumt, frisch bezogene rosa Bettwäsche duftet, Blumen auf dem Tisch. Er steht neben ihr mitten im Raum und kann sich nicht im Geringsten erinnern, wie viel Ewigkeiten vergangen sind, seit er das letzte Mal mit einer Frau unbeobachtet in einem Zimmer war. Sie betrachtet ihn wohlwollend, ohne wissen zu können, wie brenzlig die Situation für ihn eigentlich ist. Als vollordinierter Mönch dürfte er sich nicht mit einer Frau allein in einem Raum aufhalten. Er ist zwar bisher 'nur' Novize. Doch fest entschlossen, die Vollordination anzustreben. Wenn er reif dafür ist. Somit hat er allen Grund, hier in der Fremde seine geleisteten Basisgelübde konsequent einzuhalten.

»Wie war deine Reise?«

Sie macht es sich in einem Sessel gemütlich.

»Lang« antwortet er freundlich.

Belanglose, unnütze Plaudereien auszutauschen, gehört nicht zu den Ausbildungsthemen eines

Klosters. Ihm steht nicht der Sinn nach ausschweifenden Erzählungen. Stattdessen stellt er die Tasche ab und öffnet sie. Um seine Dankbarkeit für ihre Gastfreundschaft zum Ausdruck zu bringen, wickelt er aus einem roten Samttuch eine Kalligrafie in tibetisch und überreicht sie ihr.

»Für dich.«

Verena betrachtet die fremdartigen Schriftzeichen, deren Übersetzung Tenpa auf die Rückseite geschrieben hat. 'Unabgelenkt sein'. Leise bedankt sie sich, befühlt ehrfürchtig das Papier, zieht mit dem Finger geschwungene Pinselstriche nach. Er spürt ihr Interesse, will mehr von tibetischer Schrift erzählen, da kommt sie ihm zuvor.

»Deine Schwester wollte mit dir wohl nichts mehr zu tun haben?«

Verdutzt blickt er sie an. Sie setzt nach.

»Erst als ich erzählt habe, dass meine im Sterben liegt, hat sie mir deine Adresse gegeben.«

Tenpa erinnert sich an früher. Andauernd nervte seine große Schwester mit Rechthaberei, glaubte zu wissen, was gut für ihn war, wollte ihn zum Glauben hinführen. Dabei war das völlig aussichtslos. Von Religion hielt er nichts. Er war Atheist. Sie war erzkatholisch und hatte alle sechs Kinder mit strenger Hand erzogen. Nach dem Tod der Mutter brach er den Kontakt ab. Erst zu seiner Ordination schrieb er ihr. Von da an kamen regelmäßig zu Weihnachten und Ostern Karten mit gut gemeinten

Sprüchen. Besucht hat sie ihn nie. Er lächelt Verena an.

»Fahren wir?«

Die Sonne ist hinter einer konturlosen, grauen Wolkendecke verschwunden. Wenig Verkehr auf der Landstraße Richtung Schwerin. Verena, die zu einer Besprechung über die Förderwürdigkeit der Künstlerresidenz ins Kulturministerium muss, steuert den Minicooper. Tenpa sitzt schweigend auf dem Beifahrersitz. Er freut sich Martina zu begegnen, schließlich weiß er, wie sehr er gewachsen und gereift ist in den letzten Jahren. Wie es ihr wohl geht, wenn sie sich gleich begegnen; ob sie ihn wieder erkennt, immerhin ist es lange her; wie stark wohl ihre Schmerzen sind; ob sie bald schon über ihre gemeinsame Vergangenheit sprechen werden... Er stoppt den Gedankenfluss seines flatternden Geistes. Es lohnt nicht, Vermutungen zu folgen. Gleich wird er vor ihr stehen und seine Fragen werden sich beantworten. Also genießt er besser den Blick auf die vorbeiziehende flache Landschaft.

Wie sehr er diese Zeit zwischen Winter und Frühling mochte, wenn die Erde sich von der Last des Schnees befreite, aber die Pflanzen noch nicht erwacht waren, weil sie nach der Kälte des Winters erst noch Kräfte sammeln mussten, um in Trieben und Knospen ausbrechen zu können in ein neues

Lebensjahr, dieses Wetter, das vielen so deprimierend erschien, das windstille dumpfe Nichts, bei dem die Sonne tage- oder gar wochenlang keine Chance hatte und auch nicht den Eindruck erweckte, sich zu bemühen. Für ihn hatte diese Zeit immer etwas Friedliches und Beruhigendes. Es war der Zeitraum davor. Vor dem Ausbrechen der Sehnsucht, vor dem Beginn der Aktivitäten, vor dem Verlassen des Schneckenhauses.

Seine Geburtsstadt Lübeck ist keine fünfzig Kilometer entfernt. Dennoch sind ihm die endlosen, eintönigen Felder, an denen sie vorbeifahren, fremd. Kein Wunder. Gab es doch damals kaum Gründe, in den 'Osten' zu fahren. Seine Erfahrungen mit Mecklenburg beschränkten sich auf wenige Geländefahrten mit Martina am menschenleeren Ostseestrand. Verena, die mehrmals unauffällig ihre blonden Haare zur Seite schiebt, um das markante Gesicht des Mönchs zu betrachten, bricht plötzlich das Schweigen:

»Wie lange wirst du bleiben?«

»Eine Woche.«

»Dann fährst du wieder in dein Kloster?«

»Ja.«

Zwei Buchstaben, die keinen Zweifel zulassen. In einer Woche wird er die Rückreise antreten und in Hamburg ein Flugzeug von Indian Airlines besteigen. Verena fragt neugierig weiter.

»Ihr lebt da wirklich im Zölibat?«

Tenpa muss lachen.

»So nennt man es wohl im Christentum.«

Ein Glas mit acht roten Rosen in der Hand - so steht er vor ihrem Zimmer in der Palliativstation des Krankenhauses. Nun ist er doch nervös. Einer Sterbenden zu begegnen ist keine leichte Sache. Er fasst sich ein Herz. Seine Hand klopft an die Tür. Leise. Ein tiefer Atemzug. Er öffnet die Tür.

Mit leicht geöffnetem Mund liegt sie schlafend im Bett. Keine Haare auf dem Kopf, die blassen Wangen eingefallen, jedes Ausatmen ein schwerfälliges Röcheln.

Er betrachtet sie. Sekunden. Minuten. Nachdenklich, aus sicherer Entfernung. Unverkennbar, sie ist es. Martina Berg. Zugleich fühlt sich ihr Anblick unbekannt an, unvertraut, unnahbar. Beinahe unheimlich und doch auch erhaben. Wie sportlich agil ihr zierlicher Körper einst war, ist nur noch zu erahnen. Die spürbare Nähe ihres Todes lässt sich nicht leugnen.

Reglos verharrt er, auf die Schlafende starrend. Es dauert, bis er die Rosen auf den Nachttisch stellt, sich einen Stuhl nimmt und ihn direkt ans Bett schiebt. Er setzt sich, legt nervös eine Hand auf der Matratze ab, nur wenige Zentimeter bis zu ihrer Bettdecke. Respektvoll betrachtet er die Schwerstkranke, holt seine Mala, die tibetische Gebetskette, hervor und beginnt leise murmelnd

Mantren zu rezitieren. Eine friedliche Stimmung macht sich allmählich in ihm breit und strahlt ins Zimmer. Bald schon denkt er weder an damals noch an morgen. Er fließt mit dem Moment, fokussiert auf seine Gebete, geduldig den Moment erwartend, in dem sie erwacht.

Geraume Zeit sitzt er so und dreht die Perlen seiner Mala. Plötzlich schlägt sie die Augen auf. Wird sie ihn erkennen? Erfreut sein oder enttäuscht? Sie blickt ihn an, ihre Gesichtszüge verraten nicht, was sie empfindet. Rasch verschwindet die Mala in seiner Robe. Vorsichtig ertastet er ihre Hand, seine Stimme zärtlich leise.

»Hallo Martina. Ich bin's.«

Keine sichtbare Reaktion.

»Ich bin gekommen, um bei dir zu sein.«

»Bernhard?«

Er nickt, ein vorsichtiges Lächeln auf den Lippen.

»Schön, dass du da bist...«

Blicke. Schweigen. Die peinlichen Erfahrungen von damals, der unfreiwillige Verzicht auf Erfüllung, all das erscheint plötzlich unwirklich, vergangen, nebulös, wie aus einem anderen Leben. Als wenn seine alten Gedanken sich für immer aufgelöst hätten...

Sie ist von ihm überrascht. Ja, es hat für ihn sogar den Anschein, als wäre sie ein wenig beeindruckt. Hat sie ihn anders in Erinnerung? Sie lächelt ihn an.

»Wie fühlst du dich?«, fragt er und erkennt

gleichzeitig in ihren traurigen dunklen Augen das hoffnungslose Elend. Ihr fehlen die Worte, sie berührt seinen rasierten Schädel, befühlt den Stoff seiner merkwürdigen Kleidung, schaut ihn fragend an.

»Wir haben dieselbe Frisur.«, sagt er und streicht über ihren kahlen Kopf.

»Musst du so was immer anhaben, sogar wenn du wegfährst?«

»Außerhalb des Klosters können wir auch andere Sachen tragen.«

»Aber der Geländefahrer wollte der Welt zeigen, was für ein toller Hecht er jetzt ist.«, sagt sie und schmunzelt.

Tenpa fühlt sich ertappt, ja sie hat recht, jeder sollte sehen, was er lebt. Gleichzeitig erkennt er, wie sehr sie sich selbst treu geblieben ist. Immer direkt und frei raus. Er nickt und nimmt gleichzeitig wahr, wie sie ihn, den kahl geschorenen Mann mit breiten Schultern, von oben bis unten betrachtet. Begutachtet.

»Du siehst gut aus.«

Freude blitzt in ihm auf. Das hat er damals nie von ihr gehört. Gleichzeitig läuft er rot an. Doch er will sich nichts anmerken lassen.

»Du auch.«

Das sollte ein Kompliment sein. Aber sie durchschaut ihn.

»Ich hab gehört, Mönche dürfen nicht lügen.«

Das Vorwurfsvolle in ihrer Stimme ist gespielt und liebevoll gemeint. Er nimmt vorsichtig ihre Hand.

»Es war schön mit uns «, sagt sie.

»Ja, wunderschön...«, antwortet er nach einer Weile. Angenehme Stille. Seine Gedanken sortieren sich im Kopf. Ist es hilfreich, als erstes über ihre Krankheit zu sprechen, über das im weltlichen Leben so dominante Tabu des Sterbens, oder über ihre gemeinsame Vergangenheit? Sie kommt ihm zuvor, richtet sich ein wenig auf, wie wenn die Lebensgeister in ihr zurückgekehrt wären und will von seinem neuen Leben hören, was er den ganzen Tag im Kloster treibt, wie es ihm da geht.

Tenpa weiß, was Martina fragt, will sie auch wirklich wissen, niemals würde sie aus Höflichkeit etwas sagen. Dennoch zögert er. Noch nie hat er über die Aktivitäten in der ordinierten Gemeinschaft gesprochen, auch weil es für Uneingeweihte schwer zu vermitteln ist. Schließlich legt er los, erzählt, dass sie das Kloster eigentlich gar nicht verlassen, außer vielleicht bei wichtigen Familienfeiern oder wenn in anderen Klöstern religiöse Zeremonien stattfinden und wie es in der Gemeinschaft tagtäglich abläuft. Bald schon merkt er, dass sie ihm zwar zuhört, aber mit seinen Beschreibungen wenig anfangen kann. Erst als er auf den Brief ihrer Stiefschwester zu sprechen kommt, wird sie hellhörig.

»Ich habe dem Leiter des Klosters alles erzählt, wie

ich bei meiner uralten Mutter und der Oma überbehütet aufwuchs, weshalb ich zum Eigenbrötler wurde, der nie gelernt hatte zu kämpfen, wie ich dich kennengelernt habe, warum ich weggegangen bin und deshalb das Kloster nie mehr verlassen wollte, um weiter alles zu tun, damit ich ein aufrichtiger Mönch werde. Wie ein Wasserfall hab ich geredet, ich wollte den Meister ja nicht unnötig lange stören mit meinem belanglosen Leben. Als ich endlich fertig bin und ich ihn frage, ob ich fahren darf, will er wissen, ob ich wirklich mein ganzes Handeln der Weisheit von Buddhas Lehren und dem Wohl aller fühlenden Wesen widmen wolle. Heftig hab ich genickt. Daraufhin sagt er, 'Hast du schon mit der Deutschen Botschaft Kontakt aufgenommen? Die Gültigkeitsdauer deines Reisepasses wird überschritten sein.' Und dann hat er gelächelt.«

»Cooler Typ.«

»Ja, ich bin ihm so dankbar. Und so froh, bei dir zu sein.«

Lange betrachtet sie ihn, denkt nach.

»Bernhard?«

»Ja?«

»Nachdem du weg warst, hab ich es irgendwann kapiert.«

»Was denn?«

»Dass du echt richtig in mich verknallt warst. Und auf einmal war mir klar, was ich dir angetan, wie sehr ich dir weh getan habe. Bernhard, es tut mir so unendlich leid, ich bin schuld, dass du ins Kloster abgehauen bist. Bitte verzeih mir.«

Er kann nicht glauben, was er da hört, schüttelt langsam den Kopf, will ansetzen zu widersprechen, schließlich ist er doch derjenige, der sie um Entschuldigung bitten muss, da wird sie wie aus dem Nichts plötzlich von einer heftigen Schmerzattacke überfallen, krümmt sich, ihre Hände krallen sich an der Bettkante fest, sie deutet verzweifelt auf den roten Knopf. Es quält ihn, sie leiden zu sehen, er möchte helfen, versteht erst nicht, was sie will, dann kapiert er endlich, drückt den Knopf - und kurz darauf erscheint eine Krankenschwester, fühlt Martinas Stirn, regelt die Zufuhr des Tropfes, um die Schmerzmitteldosis zu erhöhen und nickt Tenpa auffordernd zu. Es ist Zeit für ihn zu gehen.

Er wird wieder kommen.

ZWEI

Als er die Tür zu ihrem Krankenzimmer geöffnet hatte, war er noch erleichtert und froh gewesen, dass sich all seine alten Gefühle ihr gegenüber, die bohrenden Liebes-schmerzen im Bauch, seine

32

Verbitterung, die eifersüchtige niederträchtige Wut auf sie, schon lange aufgelöst hatten. Dass Offenheit in seinem Herzen war, die ihm die Kraft gab, sich auf sie einzulassen. Verantwortung wollte er übernehmen und sie um Vergebung bitten. Dafür, dass er damals nur an sich gedacht und sie im Stich gelassen hatte, ohne sich zu erklären.

Und nun?

Steht er draußen vorm Eingang des Krankenhauses, bohrt die Hände tief in die Roben, starrt auf die kümmerlichen Büsche vor ihm. Martina, mitten aus dem Leben gerissen, Halt auf freier Strecke. Sein Kloß im Hals wird immer größer, die Augen werden feucht und er weiß überhaupt nicht wie ihm geschieht, seine Gedanken überschlagen sich. ER hätte sich doch bei IHR entschuldigen müssen, ihr erklären, dass es damals seine eigene Angst zu scheitern war, die alles verhindert hatte. Beim nächsten Besuch wird er reinen Tisch machen, das nimmt er sich fest vor.

»Eine Taxifahrerin, die nie Bücher liest, kein Interesse an Kunst hat, mit spritfressenden hässlichen Autos sinnlos in der Natur rumfährt, ständig Sport treibt oder tanzen muss, sich immer die falschen Männer aussucht - was sollte ich mit so einer 'Schwester' anfangen, die ohne jedes berufliche Ziel gelebt hat, so ganz ohne Ehrgeiz.

Trotzdem... mag ich sie, irgendwie. Meistens war sie fröhlich, konnte oft so schön herzlich lachen. Und mutig war sie.«

Tenpa schaut geradeaus auf die Landstraße, ohne richtig hingehört zu haben. Erst jetzt blickt er zu Verena, die sofort annimmt, sie hätte etwas Falsches gesagt.

»Doch wirklich, mutig. Bis vor kurzem zumindest.«

Sie meidet seinen Blick, konzentriert sich stumm auf den Verkehr, steuert den Wagen zielsicher aus der Stadt heraus. Die plötzliche Stille in dem kleinen Auto, der surrende Motor, das Vorbeizischen der entgegen-kommenden Fahrzeuge auf der Landstraße, all das könnte ihn beruhigen. Tut es aber nicht. 'Du siehst gut aus'. 'Es war schön mit uns'. 'Bitte verzeih mir'. Wie ein Echo wiederholt sich ihre Stimme in seinem Kopf. 'Bitte verzeih mir'. Deshalb wollte sie ihn sehen!

Oder gab es noch einen anderen Grund?

Am liebsten würde er sofort umkehren und sie fragen.

Verena und Tenpa steigen aus. Ein Postauto steht neben dem öffentlichen Briefkasten. Der Fahrer hat ihn gerade geleert und blickt wartend Richtung Schlosstür. Die öffnet sich nun und eine Frau eilt heraus, in der Hand balanciert sie einen viel zu kleinen Karton, aus dem viel zu viele Briefe quellen. Sie sieht den Mönch, stolpert auf dem unebenen

Pflaster und bemüht nicht zu fallen kann sie sich gerade noch fangen, aber nicht mehr den Karton, der auf den Boden fliegt und die Briefe auf dem Kopfsteinpflaster verteilt. Tenpa reagiert sofort. In schnellen Schritten ist er bei ihr, geht neben ihr in die Knie, um beim Einsammeln zu helfen. Dabei achtet er darauf, sie nicht mit den Händen zu berühren. Schließlich sind die Briefe wieder im Karton und die beiden blicken sich an.

Ihre dunkelbraunen Augen treffen ihn wie der Blitz und urplötzlich und wie aus dem Nichts ist es da, das lange Vergessene, das sich im Laufe der Jahre aufgelöst hatte in die friedliche Unendlichkeit des leeren Raumes, wo es kein Hoffen und kein Fürchten gibt.

»Vielen Dank.«, sagt sie und beeilt sich, zum Postmann zu kommen, der auf sie wartet.

Tenpa starrt hinter ihr her. Verena entgeht nicht, wie lange er Katrin mit den Augen folgt.

»Kennt ihr euch?«

»Nein.«

»Das ist Katrin Rose. Vor vier Monaten hat sie hier im Schloss für den Förderverein angefangen, als Sekretärin. Eine erfahrene, bewundernswerte Frau mit technischem Sachverstand und praktisch veranlagt, ein echtes Organisationstalent. Der Verein ist froh, dass sie da ist.«

Er hört Verenas Worte. Doch mit all seinen Sinnen ist

er bei der Frau mit den magischen Augen und den prächtigen Hüften und kann den Blick nicht von ihr lassen.

Erst als sie sich auf ihr Fahrrad schwingt und hinter der Hausecke verschwindet, folgt er Verena ins Schloss, wo in der offenen Gemeinschaftsküche der Tisch festlich gedeckt ist. Zwei Frauen sitzen da. Er will es gerade ganz und gar nicht, kann sich aber nicht dagegen wehren, wieder einmal sorgt seine Erscheinung für Irritation. Bewunderung, Hochachtung, Skepsis, Mitleid - typische Reaktionen, die er auf seiner langen Reise immer wieder erlebt hat. Verena stellt ihm die beiden Künstlerinnen vor, die sich auf Zeit in der Residenz eingemietet haben. Claudia Bahnsen, völlig begeistert, dass ein echter Mönch gekommen ist, steht ehrfürchtig auf, hebt ihre Hände wie zum Gebet und strahlt Tenpa in übertriebener Hochachtung wie einen Heiligen an. Während Silke Lewald eher die Mitleidsvariante vertritt. Kurz blickt sie auf und zieht weiter an ihrer Zigarette. Claudia hat für den Mönch gekocht und beginnt in freudiger Erwartung auf den besonderen Gast ihre vegetarischen Köstlichkeiten zu servieren.

»Ich würde mich sehr freuen, wenn Sie die Einladung annehmen.«

Die Uhr an der Wand zeigt 17.55 Uhr und er ist heilfroh, eine Begründung zu haben, sich schnell zurückziehen zu können. Die 18-Uhr-Regel, die ihm verbietet, später zu essen.

»Herzlichen Dank, vielleicht ein anderes Mal, aber jetzt geht es nicht.«

Silke, die gerade eine Flasche Wein entkorkt, hat seinen Blick zur Wanduhr bemerkt und grinst frech.

»Eine eurer Vorschriften?«

»Genau.«

Damit beeilt er sich, die knarrenden Stufen der Freitreppe hinaufzugehen. Silke Lewald schüttet sich Weißwein ein und fängt an zu essen. Claudia Bahnsen blickt enttäuscht auf ihr liebevoll zubereitetes Gemüse.

Endlich allein in der Wohnung. Angst, die Kontrolle zu verlieren. Standhaft will er bleiben, konsequent und weise. Das heißt, er wird seine Emotionen weder unterdrücken noch an ihnen festhalten. Sondern sie mit Achtsamkeit und Gewahrsein beobachten, ohne sich zu verurteilen. Blicke direkt in den aufkommenden Gedanken und lass ihn einfach los. Gedanken kommen und gehen, wie Wolken am Himmel...

Martinas zärtliches Lächeln, Du siehst gut aus, es war schön mit uns, Katrins Augen, dieser einladende Blick, der stolze Gang, ihre gewaltige Figur, die lockige Haarpracht im gleißenden Gegenlicht der tief stehenden Sonne, beim Postmann angekommen blickte sie kurz zurück zu Tenpa, war da nicht ein einladendes Lächeln, für ihn ganz allein?

Er schüttelt mehrmals kräftig seinen Kopf und alle Gedanken ab. Auf dem Fensterbrett eine weiße Orchidee im weißen Topf, daneben eine kupferne Gießkanne. Über dem Bett ein dreigeteiltes Schwarzweiß-Foto im Rahmen, drei Portraits von Männern auf einem Acker, der alte Mann mit dem wettergegerbten, faltenreichen Blick des Zufriedenen, der Fünfzigjährige voller Kummer und Sorge, der Jugendliche mit hoffnungsvoller Neugier auf die Zukunft, drei Phasen der Vergänglichkeit zwischen Geburt und Tod.

Entschlossen beginnt er, die Utensilien im obersten Brett des Regals beiseite zu räumen. Sorgfältig holt er aus einem Stoffbeutel eine vergoldete kleine Buddhastatue hervor und stellt sie behutsam und mit beiden Händen in das obere Regal. Genau in die Mitte. Links und rechts daneben das Foto eines Thangkas - ein tibetisches Stoffgemälde mit heiligen Figuren - und ein Foto seines Meisters. Der kleine Altar ist fertig. Er schiebt den Couchtisch beiseite und wirft sich Richtung Schrein dreimal nieder. Dann stöpselt er das Ladegerät des Walkmans in die Steckdose, nimmt im Schneidersitz auf dem Bett Platz, setzt Kopfhörer auf und beginnt seine Rezitation, unterstützt durch den tibetischen Sprechgesang der monastischen Gemeinschaft im Ohr. Zunehmend konzentrierter fließt er mit den Mantren, die Kraft der Gebete wahrnehmend, dabei das Kloster vor Augen, die Gemeinschaft der

Mönche, wie sie sich gegenseitig anlachen, beim Beten, Studieren, Arbeiten.

Eine seiner täglichen Aufgaben war die Leitung der Spülküche. Wenn Hundertzwanzig Mönche sich satt gegessen hatten. Dass es in der alten Heimat heißes Wasser aus der Leitung oder gar Spülmaschinen gab, war schon lange vergessen. Auch hartnäckig festgebackene Reste schruppte er geduldig, bewaffnet mit Gummi-handschuhen, Kratzbürste und Schwamm. Die jungen Kollegen, reihum als Küchengehilfen eingeteilt, wollten Ratschläge von dem freundlichen Europäer, der sehr wohl spürte, dass sie auf ganz anderes neugierig waren, als wie man kaputte Tauchsieder reparierte. Vor allem natürlich, wie das so geht mit den Frauen. Tenpa war es mehr als recht, dass Asiaten niemals offen und direkt über ihre Gefühle sprechen und persönliche Fragen stellen. Also nahmen sie sein Schweigen hin.
Wie schön doch die Klosterwelt sein kann, ohne Hoffen und Fürchten.
In seinem Herzen wird Platz für mitfühlende Gedanken an Martina und ihre leidvolle Hoffnungslosigkeit. Weiter dreht er die Perlen seiner Mala und betet dafür, dass sie in sich Frieden finden und die Tatsache ihres bevorstehenden Endes annehmen möge.
So verweilt er in aufrechter Haltung, die Frau vor Augen, die ihn damals so sehr fasziniert und größte

Hoffnungen in ihm geweckt hatte. Nah ist sie ihm. Wie früher. Er freut sich auf den nächsten Besuch bei ihr, konzentriert auf die Rezitation...

Auf dem Kopfsteinpflaster kniend Briefe einsammeln, der Blick in ihre Augen, die golden umrandete Pupille, Finger-nägel blau lackiert, sie lächelt ihn an, sie lädt ihn ein...
Er springt aus seiner Meditationshaltung auf, tritt nah an die Statue des Buddha, hebt die Hände betend vors Gesicht, den Blick auf das Antlitz des Buddha gerichtet. Bitte hilf mir. Gewähre deinen Segen, dass ich den Pfad zur Erleuchtung niemals verlasse und meine Verwirrung als Weisheit aufgehen möge.

DREI

Eines Morgens auf dem Weg zur Arbeit - in einem verkehrswissenschaftlichen Institut für Bedarfs-analysen und Netzkonzeptionen leitete er zuverlässig und souverän die Abteilung Fahrplanoptimierungen für Öffentliche Verkehrsbetriebe - war er zufällig auf ein Plakat aufmerksam geworden von dieser buddhistischen Gruppe. Eine Einladung, Meditation zu erlernen. Wirkliches Glück könne nur durch innere Zufriedenheit entstehen und nicht durch das, was man im Leben erreicht. Finanzieller oder persönlicher Erfolg mache letztendlich nicht glücklich. Wenn wir hingegen unseren Geist still in seinem eigenen natürlichen Frieden zur Ruhe kommen ließen, könne etwas wirklich Außergewöhnliches geschehen.

Außergewöhnliches? Konnte er seinem einsamen, unaufgeregten Dasein einen Sinn geben? Andererseits, wieso sollte er, er hatte sich doch abgefunden, schon seit Jahren, dass es zuhause nie jemanden gab, mit dem er über Aufräumen oder Spülen streiten musste. Seine Tage, ereignis- wie überraschungsarm, hingenommen hatte er es, kein Glück, kein Unglück, selten gab es Gründe sich zu beschweren. Was und warum, es war ihm nicht klar, doch das buddhistische Plakat hatte etwas in ihm wachgeküsst. Aber was? Hatte er sich doch noch nicht aufgegeben? Das alte Biermann-Lied fiel ihm ein. 'Das kann doch nicht alles gewesen sein, da muss doch noch irgendwas kommen, nein, wo ist denn das donnernde Leben, eben...'

'Was Meditation wirklich ist.' Eines Tages, es war kurz nach seinem fünfunddreißigsten Geburtstag, den er wie immer mit sich allein verbracht hatte, suchte er endlich das kleine buddhistische Zentrum auf. Offener Meditationsabend. Die Leute von dem Verein waren sympathisch unaufdringlich. Niemand fragte ihn, wie sein sonstiges Leben aussah, wie erfolgreich er war oder wie viele Kinder er hatte. Niemand wollte ihn bekehren. Er wurde genommen, wie er war. Wie wohltuend. Geradezu befreiend. Den Atem fließen lassen, aufkommende Gedanken wahrnehmen, der Versuch sie wieder loszulassen, ohne sie zu bewerten, aufrecht, entspannt, in Stille.

Als die Stunde vorüber war lief er eine lange Runde durch den Park, leichtfüßig und ohne Mühe. An der Hauptstraße angekommen steuerte er zielstrebig auf den Taxistand zu. Für den Heimweg wollte er sich heute etwas gönnen.

Die Frau am Steuer lackierte sich gerade die Fingernägel. Beim Einsteigen nahm er sofort den kleinen bunten Blumenstrauß wahr, der in dem Getränkehalter zwischen den Sitzen steckte.

»Eine Taxifahrerin mit schönen Blumen trifft man ja selten.«

»Ja, ich hab auch allen Grund zu feiern.«

Sie drehte sich zu ihm hin, lachte ihn an und es war unübersehbar, diese Frau war ebenso gut drauf wie er. Während sie den Nagellack trocken blies, fing Martina Berg an zu plaudern.

Sie hatte an dem Tag exakt fünf Jahre voll. Fünf Jahre am Steuer eines Taxis von Mikadofunk. Der Chef hatte ihr einen schönen Scheck überreicht. Dreistellig. Außerdem hatte sie jetzt einen Wagen ganz für sich allein. Als bestes Pferd im Stall und einzige Frau im Team konnte sie ab sofort fahren, wann sie wollte, Hauptsache am Ende des Monats stimmte die Kasse. Worauf sich ihr Chef verlassen konnte. Sie war mit ihren dreißig Jahren nicht nur die Jüngste, sondern auch die Beste und Schnellste unter all den türkischen und griechischen Kollegen.

Er genoss es, ihrer rauchigen Stimme zuzuhören, ihre dunkelgrünen Augen zu sehen, das unbekümmerte Lachen. Kein Wunder, dass er ganz vergessen hatte, sein Fahrziel zu nennen.

»Und du? Gibt's bei dir auch was zu feiern? Oder bist du nach dem Joggen immer gut drauf?«

Vom Meditationskurs konnte oder wollte er nicht sprechen und weil ihm sonst nichts Kluges einfiel, log er ein wenig.

»Ich bin immer gut drauf.«

»Echt? Find ich ja super. Das ganze Gejammer, dass ich mir hier dauernd anhören muss... Wo soll's denn hingehen?«

Sie startete den Wagen und fuhr los. Er zögerte einen Moment, sie hatte sich bereits in den Verkehr eingefädelt, als er den Namen seiner Straße nannte, Martina wechselte umgehend auf die linke Spur, um bei nächster Gelegenheit zu wenden.

Ihr Fahrstil beeindruckte ihn. Ohne sich um Geschwindigkeitsbegrenzungen zu scheren fuhr sie extrem schnell auf der vierspurigen Stadtstraße, wechselte häufig die Spur, auch um rechts zu überholen, gleichzeitig reagierte sie gelassen, wenn sie angehupt wurde, nahm den Fuß rechtzeitig vom Gas, wenn sie sich einer roten Ampel näherte. Hoch- und Runterschalten, Betätigen der Bremsen, alles geschah fließend, unmerklich, effektiv. Er genoss die Fahrt.

Inzwischen hatten sie den Stadtrand von Kiel erreicht, Martina bog in eine zweispurige von Maisfeldern gesäumte Straße ein, an deren Ende eine Neubausiedlung zu erkennen war. Gerade erzählte sie von dem Pfefferspray, den der Chef ihr aufgedrängt hatte und den sie noch nie benutzen musste.

In dem Moment bog ein Trecker mit Hänger aus einem Feldweg direkt vor dem Taxi in die Straße ein, Martina konnte aufgrund ihrer überhöhten Geschwindigkeit nicht rechtzeitig bremsen, Überholen war unmöglich, weil Fahrzeuge entgegenkamen, also schaltete sie vom vierten in den zweiten Gang und riss das Steuer gedankenschnell nach rechts, um sich über die schmale Grasnarbe zwischen Graben und Trecker am Unfalltod zentimetergenau vorbei zu kämpfen. Nur ein paar spannende Sekunden für Fahrerin und Fahrgast, dann hatten sie wieder Asphalt unter den Rädern.

»Kompliment. Das war echt gut.«

»Ich weiß, aber Sie waren auch nicht schlecht. Was meinen Sie, wie viele Hysteriker ich da hinten schon sitzen hatte.«

»Trainieren Sie im Gelände?«

»Regelmäßig. Was gibt's Schöneres, als was Unbefestigtes unter den Reifen zu haben. Ich will in die Sahara.«

»Ich habe mir letztens Sandschienen besorgt. Für die Ostsee.«

Und schon hatten beide ihre gemeinsame Leidenschaft entdeckt. Im Geländewagen über unbefestigte Wald- und Feldwege oder den Strand. So schnell wie möglich. Je steiler der Weg, je tiefer der Schlamm, um so größer der Kick. Spontan und impulsiv in jeder Sekunde das Richtige tun, mit Lenkrad, Schaltknüppel, Gaspedal und Bremse im Wettkampf mit sich selbst und der Beschaffenheit des Untergrundes, Naturerfahrung und körperliche Fitness in einem. Sie war die erste, die ihn wirklich verstand und hatte die richtige Idee, kurz bevor sie vor seinem Haus ankamen.

»Hast du auch Hunger?«

»Unbedingt. Bärenhunger.«

Martina steuerte wortlos den Wagen zurück in die Stadt. Die Taxifahrt endete in einem griechischen Restaurant. Im sprudelnden Redefluss wurde der Gedanke geboren, gemeinsam auf Offroad-Tour nach Marokko zu fahren.

Wie bezaubernd diese Frau war! Tough, fröhlich, lebendig. Ein verkrampfter Panzer in seiner Brust schien sich unmerklich aufzulösen in eine nie gekannte, offene Weite, deren befreiende Wirkung ihn geradezu beunruhigte. Als sie ihn schließlich nach Hause fuhr, konnte er es nicht fassen, dass er zum Abschied einen kurzen Kuss bekam.

»Bis bald.«

So absurd es zu sein schien, so heftig Magenkrämpfe in ihm tobten und Schwindel ihn immer wieder aus dem Gleichgewicht warf, er, Bernhard Lange, war tatsächlich verliebt. Da konnte er seine Hemmungen sie zu küssen entspannt und großzügig sich selbst gegenüber hinnehmen. Plötzlich und zum ersten Mal in seinem Leben war sie da. Grenzenlose Zuversicht. Volles Vertrauen. In sie und in sich.

Wie schön auf einmal die Welt in Kiel geworden war, seit es Martina gab. In dieser verdammten Touristen-Rotlicht-Studenten-Stadt am Meer, die sich nie ändern wollte, genauso wie er nie hatte glauben können, hier seinem Single-Dasein noch einmal eine Wendung zu geben.

Nun war alles anders. Jeder neuen Begegnung mit Martina fieberte er entgegen. Mindestens einmal die Woche hatte sie Zeit für ihn. Mal ins Kino oder zum Strandspaziergang an der Ostsee, vor allem aber das regelmäßige Offroad-Training für den anvisierten Afrika-Trip. Befreit von Angst konnte er jeden Moment an ihrer Seite genießen.

Einmal traute er sich. Spontan kam es aus ihm heraus und er gab ihr zum Abschied einen kleinen

Kuss, ganz vorsichtig, auf die Wange. Sie lachte. Natürlich wollte er mehr. Doch der Mut reichte nicht. Noch nicht. So viele Jahre hatte er jede Hoffnung aufgegeben und nie hinschauen wollen, wie beschissen es ihm eigentlich ging. Jetzt ging es ihm gut. Nicht nur das. Ihm wurde klar, wie viele Jahre seines Lebens er verbracht hatte, ohne zu fühlen. Vergeudete Jahre. Da konnte er ruhig noch ein bisschen Geduld zeigen und warten, bis die notwendige Kühnheit in ihm aufblitzte.

Nach einer grandiosen Tour über unglaubliche Bodenunebenheiten: Wie immer hatten sie alles bravourös gemeistert. Wie immer saßen sie in der griechischen Taverne voreinander, erschöpft und zufrieden, mit Souvlaki, Zaziki und jede Menge Retsina. Wie immer ließen sie danach ihren Trip Revue passieren, erinnerten sich lachend an die Momente, in denen alle vier Räder für Sekunden durch die Luft sausten und durch den damit verbundenen Adrenalinstoß Glücksgefühle aufwallten. Unerträglich wunderschön gewaltig. Freiheit und Grenzenlosigkeit. Das waren die Augenblicke, in denen er sich eins fühlte mit ihr, in denen es kein Gestern und kein Morgen gab. Der Verkehrsplaner und die Taxifahrerin. Martinas Fähigkeit, sich ihren Gefühlen mit mutiger Leichtigkeit hinzugeben und aus ihnen heraus instinktiv zu handeln, erschien ihm geradezu grenzenlos. Hemmungslos. Ansteckend.

Er merkte nicht einmal, wie glücklich er neben ihr war. Befreit, voller Kraft, ganz er selbst. Ohne jede Angst. Im Grunde wusste er nicht viel von dieser Frau, in der er nichts anderes sehen konnte als pure Emotion. Ihr strahlendes Lachen, ihr aufrichtiger Blick, ihre freche und gleichzeitig naive Art, die Dinge zu benennen - Verkehrsplanung war ihr egal, solange die Straßen frei waren und sie mit ihrem Taxi grüne Welle hatte - all das ließ keinen Zweifel mehr zu.

Er hatte die jahrelang ersehnte Liebe gefunden.

Eines Tages war es so weit und seine Stunde gekommen. Froh, lange gewartet zu haben, lange genug, bis sich auch seine letzten Ängste und Verklemmungen in Luft aufgelöst hatten, wollte er, der erste von mehreren Absacker-Ouzos war bereits getrunken, ihre Hand nehmen und es ihr jetzt einfach sagen. Diesen Moment hatte er seit Wochen herbeigewünscht. Komm mit zu mir. Weil es nun endlich passieren konnte und durfte und musste, all das, was ihm so schmerzlich fehlte. Vier Worte, die sein Leben verändern sollten.

Martina war schneller.

Sie nahm seine Hand. Sie sah ihn an. Wie nie in den ganzen Wochen zuvor. Ihre Augen leuchteten voller Zuneigung, als sie ihm mitteilte, dass sie ihren Verlobten Jan heiraten werde und er, Bernhard, ihr bester Freund und Kumpel, solle der Trauzeuge sein und der Patenonkel ihres ersten Kindes werden.

Nie hatte sie erwähnt oder auch nur angedeutet, dass es jemanden anderen gab, er hätte es auch gar nicht wissen wollen, in jeder Sekunde, seit er sie kennengelernt hatte, lebte der Wunsch in ihm, mit ihr durchs Leben zu gehen.

Als Geliebter, Gefährte, Kumpel.

Wie sie ihn in diesem Augenblick anlachte, in unbedarfter, unbekümmerter Erwartung, dass er sich mit ihr mitfreute - das war der Dolchstoß mitten ins Herz.

Ohne zu zeigen, wie tief sie ihn verletzt hatte, zog er seine Hand langsam unauffällig zurück, bemüht, seine Mitfreude überzeugend wirken zu lassen.

»Trauzeuge wollte ich immer schon mal sein.«

Sie umarmte ihn.

»Du bist ein Schatz. Jan wird sich freuen dich kennen-zulernen. Wir laden dich mal zum Essen ein.«

»Gerne. Wann soll denn die Hochzeit sein?«

»Am ersten August.«

»Ich bin dabei. Aber jetzt muss ich leider. Morgen früh leite ich eine wichtige Besprechung. Ich ruf dich an, Frau Ehefrau.«

Er erhob sich schwungvoll, gab ihr ein Küsschen auf die Wange, legte Geld auf den Tisch und verließ betont lässig das Restaurant.

Draußen in der kalten Luft. Wie versteinert stand er vor seinem Auto, keine einzige Empfindung regte sich in ihm. Er atmete flach, starrte in die dunkle Nacht, ohne Ausdruck im Gesicht, emotionslose Leere, alles in ihm war implodiert, seine gewonnene Lebensfreude, seine Hoffnung, seine Zuversicht, all das war vor wenigen Augenblicken in ihren grausam leuchtenden Augen zerplatzt, in sich zusammen gebrochen, in einen nie gekannten Abgrund war er gestürzt, aus dem es kein Entkommen gab, von einer Sekunde auf die andere hatte er alles verloren, sich, sie, seine Liebe, seine Hoffnung, seine Zukunft, sein Leben.

Eine gefühlte Ewigkeit klebte die Hand am Griff der Fahrertür. Bis er die Tür seines Wagens aufriss, eine CD von Iron Butterfly einschmiss und mit quietschenden Reifen durchstartete, besessen von dem einzigen Gedanken, diese Frau nie wieder sehen zu wollen und für immer aus seinem Leben zu streichen.

Der Hardrock aus den Sechzigern dröhnte hämmernd aus den vibrierenden Lautsprechern. Im Irrsinnstempo prügelte er den alten Ford über irgendeine einsame Landstraße, ohne im Entferntesten zu begreifen, was mit ihm gerade geschah. Plötzlich, vor seinen verheulten Augen, aus dem dunklen Nichts, Reifenfetzen auf der Fahrbahn, mitten auf der Straße, im Scheinwerferlicht, eine Frau, mit beiden Armen winkend, panischer Blick, blutverschmiertes, zerrissenes Kleid, ein Auto mit zersplitterter Frontscheibe demoliert am Baum, am

Straßenrand in einer Blutlache eine andere Frau... Was kümmerte es ihn, dass da welche in Not waren, dringend Hilfe brauchten. Ihm konnte schließlich auch keiner... Fest entschlossen, sich in seiner erbärmlichen Weinerlichkeit nicht stören zu lassen, glotzte er stumpf geradeaus, schlug aggressiv auf die Hupe ein, ohne den Fuß vom Gaspedal zu nehmen. Die Frau auf der Straße sprang im letzten Moment zur Seite.

Er drehte die Musik lauter. In a gadda da vida.

Nach dem sinnlosen Trip durch die norddeutsche Pampa in West und Ost zuhause in seinem armseligen Kieler Hochhausapartment angekommen war das Unfall-geschehen komplett aus seinem Gedächtnis getilgt und die Entscheidung gefallen, für immer von hier zu verschwinden, in irgendein Kloster, wo es diese unerreichbare Liebe nicht nur nicht gab, sondern wo sie sogar verboten war. Er raffte die notwendigsten Dinge zusammen und stopfte sie in einen nie benutzten Rucksack, schrieb seinem Chef die fristlose Kündigung und seiner Schwester einen Abschiedsbrief. Am nächsten Morgen räumte er Konto und Sparbuch leer, fuhr mit dem Regionalexpress nach Hamburg und nahm das erstbeste Flugzeug Richtung Indien, fest entschlossen, alles Geschehene für immer zu vergessen.

Er hat tatsächlich den grünen Wecker aus dem Kloster auf die weite Reise mitgenommen und ihn sogar gestellt. Auf 4.40 Uhr. Doch ebenso wie im Kloster ist er bereits wach, bevor es klingelt. Als das scharfe Rasseln ertönt, schaltet er den Wecker ab, richtet sich auf, reckt sich und entledigt sich seines gestreiften Schlafanzuges. Er tritt nackt an die Spüle. Zügig, aber sorgfältig wäscht er sich mit kaltem Wasser. Ohne jede Hektik. In Vorfreude auf seine nächste Begegnung mit Martina. Er rasiert seinen Schädel, legt die Roben an und entzündet ein Teelicht, das er vor die Buddhastatue stellt. Nun legt er die Mala bereit und setzt sich in Meditationshaltung. Sein Blick ruht sanft auf dem Buddha, wenn er die Hände zum Gebet hebt. Der grüne Wecker zeigt fünf Uhr.

Es ist immer noch stockfinster, als er leise die Tür von Verenas Apartment schließt und sich durchs Treppenhaus bewegt. Man spürt, dass die anderen noch schlafen und er will niemanden stören. Doch so vorsichtig er auch die Stufen der Freitreppe nimmt, das Knarren kann er nicht verhindern. Beim Öffnen der Schlosstür erklingt dezent die kleine Glocke vom Giebel des Daches. Viermal schlägt sie kurz, sechsmal lang. Die einzige Laterne wirft spärlich ihr Licht auf den Vorplatz. Eine weiße Katze flitzt über das Pflaster.

Hinter der Schlossecke verlangsamt er seinen Schritt. Die Augen müssen sich an die Dunkelheit gewöhnen.

Es ist schwieriger als angenommen. Keine sternenklare Nacht, kein Mond, der scheint. Seine ganze Achtsamkeit und Konzentration sind gefordert. Besonders im Wald. Der Weg ist nur zu erahnen und er kennt die Unebenheiten nicht. Nur seine eigenen Schritte sind zu hören. Das Schweigen des Waldes hat beinah etwas Unwirkliches. Keine Äste, die sich bewegen, kein Tier, das sich durch ein Geräusch zu erkennen gibt. Schritt für Schritt schreitet er voran. Dabei orientiert er sich an dem dunklen Himmel, dessen einförmiges Grau sich leicht von den pechschwarzen Wipfeln der Bäume abhebt. Erst als er sich dem Waldrand nähert, spenden die Laternen der Bahnhaltestelle ein wenig Helligkeit. Er beschleunigt seinen Gang. Schließlich hat er die Straße erreicht und geht auf den hell erleuchteten Bahnsteig zu. Niemand ist zu sehen. Am Bahnübergang erklingt ein Warnton und die Schranken schließen. Er beeilt sich, an den geschlossenen Schranken vorbei über das Gleis zu kommen. Die Hupe der sich nähernden Regionalbahn erklingt.

Sie nimmt seine Hand, er drückt liebevoll ihre, sie schauen sich in die Augen. Schweigend.
Vielleicht weil er ein wenig aufgeregt ist und sich nicht traut, gleich an gestern anzuknüpfen, vielleicht weil er es angemessener findet oder einfach für sie da sein will, es ist ihm nicht wirklich klar, auf jeden

Fall, er will etwas Sinnvolles sagen, etwas Hilfreiches und hört sich plötzlich reden, von Angst, von ihrer Angst. Ihrer Angst vor dem bevorstehenden Tod. In ruhigem Ton, völlig unverblümt, ohne beschönigende Floskeln kommen die Worte aus seinem Mund, spricht er von seinen gewonnenen Einsichten über das Sterben, wie hilfreich es sein kann, den bevorstehenden Tod zu akzeptieren, weil es ausweglos ist dagegen anzukämpfen, zumal die Ablehnung des Leidens die Ursache des Leidens ist.

Sein Versuch, ihr helfen zu wollen.

Sie reißt ihre Hand zurück, richtet sich auf, wütend, verzweifelt, aggressiv, schreit sie ihn an.

»Du mit deinem Buddha, du hast gut reden. Aber ich hab nichts, kapierst du! Niemanden! Mir hilft keiner. Ich hab mich immer nur von allen verarschen lassen. Auch von dir. Keiner versteht mich! Du sowieso nicht!«

Ihre scharfe Stimme überschlägt sich. Er nimmt es hin, Zielscheibe ihres Zorns zu sein. Er hört zu, ohne zu reagieren.

Irgendwann reicht ihre Kraft nicht mehr, sie verstummt, macht eine erschöpfte Pause. Vorsichtig berührt er ihre Hand und drückt sie sanft, um sie spüren zu lassen, dass er für sie da ist. Jetzt. Ihre Atmung beruhigt sich ein wenig. Er sieht ihre flehenden Augen. Ohne bemühte Ernsthaftigkeit spricht er davon, wie sinnvoll es sein kann, das Ungeklärte zu klären. Mit den Menschen, die wichtig für sie waren und von denen sie sich für immer verabschieden muss. Dass er zu ihren wichtigen Menschen gehören könnte, zieht er durchaus in Betracht. Doch in diesem Moment geht es ihm in aller Aufrichtigkeit nicht um seine Person und sein vergangenes Leid, sondern nur um sie. Sie ist hier die Leidende. Nicht er.

Offenbar hat er den richtigen Ton, die richtigen Worte gefunden. Sie beruhigt sich. Denkt nach. Erinnert sich daran, dass es ihr sehnlichster Wunsch war, ihn noch einmal zu sehen.

Er ist bei ihr. Weil sie es wollte.

In die Stille hinein beginnt sie schließlich zu sprechen.

»Damals habe ich nicht verstanden, wie sehr ich dich mochte. Ich hab's einfach nicht kapiert. Mein Gott, wie dumm ich war, dumm und naiv.«

Sie gerät in Fahrt, ihre Stimme wird kräftiger. Beruhigend streichelt er über ihre Hand. Doch sie will sich nicht besänftigen lassen, zieht die Hand zurück.

»Fixiert war ich auf meinen Jan, seine handfesten Zärtlichkeiten beim Sex, von dem er nie genug kriegen konnte. Wir waren verlobt und er der richtige Vater meiner Kinder. Dachte ich. Ich blöde Kuh. Dabei war mit dir alles so schön vertraut und aufregend. Von Anfang an. Jedes Mal. Nicht nur einmal hätte ich dich bei unseren ganzen Trips am liebsten vor lauter Freude richtig geküsst.«

Aufgebracht flackern ihre Augen, hin und her, den Blick nach innen gewandt. Tenpa sitzt bewegungslos, das Atmen fällt ihm schwer, das Herz schlägt heftig, Zähne nagen an der Unterlippe.

»Aber ich war ja verlobt - und treu! Auch wenn das Verena nicht glauben wollte und meine Freundinnen auch nicht. Außerdem: du warst immer auf Distanz, ein Kerl eben, der die Hände in der Tasche hatte, wenn sie nicht gerade am Lenkrad waren. Das war dein Ding, dass nichts lief zwischen uns. Weißt du, was mir fehlte? Deine Initiative! Bei mir müssen Männer das Heft in die Hand nehmen. Hol dir, was du willst, kämpfe dafür. Das war es, was ich brauchte. Was kam von dir? Nichts. Du wolltest einfach nicht sehen, was ich brauch. Du hast mich enttäuscht.«

Sie fällt in die Kissen zurück, vom vielen Sprechen sichtlich erschöpft und gleichzeitig befreit.

Ihm fehlen die Worte. Er kann nicht glauben, was er gerade von ihr gehört hat. Seine Sehnsucht wäre lebbar gewesen? Er hätte nur seine Bedürfnisse, seine Wünsche zum Ausdruck bringen müssen, nur ihr zeigen, dass er sie begehrte, nur ihre Hand greifen, sie zu sich nach Hause mitnehmen und...

All das hätte er nur zum Ausdruck bringen müssen?

Nicht sie war dumm und naiv. Sondern er.

Bilder der Vergangenheit flattern im Kopf, immer weiter zurück, Seite für Seite wie ein Buch, ein Daumenkino, Bewegungsablauf wie im Zeichentrickfilm rückwärts, sein altes Leben, dumm und naiv, dumm und naiv, der Verkehrsplaner, der Student, der Schüler...

Seine Schulzeit in Lübeck. Er gehörte zu den Besten der Klasse und die Lehrer mochten ihn. Aber so sehr er auch die schönen C-Mädchen in der ersten Reihe anhimmelte, verehrte, vergötterte, die Matheaufgaben für sie löste, ihre Englischübersetzungen korrigierte, Conny, Carola, Claudia, eine nach der anderen, sie blieben unerreichbar. Galaktisch weit entfernt. Keine Chance gaben sie ihm. Für Frauen war er nur ein guter Kumpel. Mehr nicht. Dabei standen sie auf der Klassenfete alle um ihn herum, im Nebenzimmer, wo das Kickergerät stand und die Jungs im K.O.System gegeneinander kämpften. Keiner hatte eine Chance gegen ihn, er schlug sie alle, zielsicher gelassen reaktionsschnell. Er genoss es, wenn die Mädchen ihn feierten und er Küsschen bekam. Neidlos erkannten seine Mitspieler an, Bernhard war der Größte, ein Kämpfer, der seinen Mann stehen und von dem man lernen konnte. Trotzdem waren es andere, die später auf den Sofas saßen und mit den Mädchen knutschten. Der gefeierte Kickerheld gab sich gut gelaunt, bevor er sich verkrümelte, um allein ins Kino zu gehen, nur um sich nicht mit der Frage zu befassen, was falsch lief mit ihm. Sein Gesicht war weniger Pickel übersät als bei anderen. Der

Hässlichste war er ganz und gar nicht. Eher schon ein kleiner Belmondo. Trotzdem, keine wollte mit ihm gehen.

Wie spitze Pfeile prasseln die Gedanken auf ihn ein. Er war in sie verliebt gewesen. Wie noch nie in seinem Leben. Er sollte jetzt hier und auf der Stelle sein damaliges Unvermögen zum Ausdruck bringen, sich entschuldigen, sie um Verzeihung bitten. Dafür, dass er ein schreckliches, gottverdammtes Weichei war, zu feige, nach seinen Gefühlen zu handeln. Wieso bekennt er nicht seine frühere Unfähigkeit und macht klar, wie glücklich er mit ihr war? Und spricht aus, warum er ihr heute dankbar ist? Sie kann es doch nicht wissen. Sie half ihm ohne es zu wollen und gab ihm damals genau das, was er wirklich brauchte. Weil sie ihn - und das war natürlich nicht im Entferntesten ihre Absicht - dahingebracht hatte, sich zutiefst gedemütigt zu fühlen, verletzt, erniedrigt, enttäuscht, genau aus dem Grund fand er den Weg ins Kloster. Ohne sie hätte er den Weg hinein ins Jammertal seiner Frustgefühle und von dort hinauf in die klare, lichtvolle Zufriedenheit des befreiten Geistes nicht finden können. Sie tat das Richtige für ihn. Weil sie war, wie sie war. Sag es ihr doch, auf der Stelle! Sie wird verstehen, dass sie nichts falsch gemacht hat, dass nichts dumm war an ihr. Im Gegenteil, sie kann sich freuen. Freuen, dass sie ihm geholfen hat. Freuen, dass er in sie verliebt war. Der Tod steht vor ihrer Tür. Sie braucht Freude. Rede! Jetzt!

Er kann nicht sprechen. Er bekommt die Lippen nicht auseinander. Hätte er doch damals nur... Zu spät.

Er hatte versagt.

Er war verantwortlich.

Ratlos schaut er in ihre Augen und schweigt. Stille im Krankenzimmer. Müdigkeit überfällt sie.

»Kommst du morgen wieder?«

»Ja, natürlich...«

»Danke. Es ist schön, wenn du da bist.«

Er küsst sie auf die Stirn, seine Lippen glühen, der Kopf flieht, Blick nach hinten, die rote Robe flattert, die Tür im Visier, seine Hand am Türgriff, nur raus hier, ruft es in seinem Inneren, doch ihre Stimme ertönt wie ein Blitz:

»Wieso hast du nicht um mich gekämpft?«

Zögerlich dreht er sich um.

»Ich... war... einfach zu schüchtern, ich... hatte Angst...«

»Wovor denn? War ich so ein Ungeheuer?«

»Nein, das ist es nicht. Ich...«

»Bernhard, ich versteh nicht, okay du warst schüchtern, aber mich ohne Erklärung sitzen lassen, weglaufen, für immer, dahin, wo es keine Frauen gibt, wo sogar der Sex verboten ist.«

Er kann es ihr nicht sagen, es geht einfach nicht. Zu sehr schämt er sich, heute noch, nach sieben Jahren Leben im Kloster. Wenn sie wüsste, warum er bei seiner ersten Liebe so vorsichtig war, warum seine Angst unüberwindbar war... - im Boden will er versinken vor Scham. Unbeholfen traurig steht er da und hält sich an der Türklinke fest.

Die Regionalbahn nähert sich dem Haltepunkt Schloss Glankow. Der Zugführer gibt über Lautsprecher durch, dass sich Reisende, die aussteigen wollen, unverzüglich bei ihm melden müssen. Tenpa hört nicht hin, kauert entgegen der Fahrtrichtung, fummelt sinnlos an den Roben herum. Der Zug fährt ohne zu stoppen am Bahnsteig vorbei. Der nächste Halt der Regionalbahn ist Grevesmühlen. Ein altes, verkommenes Bahnhofsgebäude, dessen Fenster mit Holzplatten vernagelt sind. Er bleibt als letzter der ausgestiegenen Fahrgäste auf dem Bahnsteig zurück. Im Hintergrund fährt der Zug weiter Richtung Lübeck.

Ein kleiner Kampfhund kommt die Treppe hochgerannt. Tenpa weicht vorsichtig zurück. Der Hund hetzt dicht an ihm vorbei, gefolgt von einer jungen Punkfrau. Achtziger Jahre Outfit. Lederjacke, enganliegender Minirock, zerrissene Netzstrümpfe.

»Bello, bleib stehen, du Mistvieh.«

Ängstlich macht er einen weiteren Schritt zurück.

»Glotz nicht so dämlich, Kinderficker.«

Damit ist sie an ihm vorbei. Wut steigt in ihm auf. So hat ihn als Mönch noch niemand behandelt. Das will er nicht auf sich sitzen lassen, will ihr hinterherrufen, sucht nach den passenden Worten, einzelne Schimpfwörter fallen ihm ein, aber im Verletzen und Beleidigen aus der Übung gekommen, kann er sich nicht schnell genug entscheiden und lässt es. Die Frau ist inzwischen ohnehin außer Hörweite und das Leben geht weiter. Er wendet sich ab und macht sich auf den Weg über das Gleis zurück Richtung Glankow.

In ausladenden Kurven zerschneidet die eingleisige Bahnlinie das Land, vorbei an leicht gewellten braunen Feldern, unter einer mittelalterlichen Bogenbrücke, durch lichten Wald. Er kann es ihr nicht sagen. Das schafft er nicht. Dabei hat sie ein Recht es zu wissen. Es hat nichts mit ihr zu tun, rein gar nichts. Sondern nur und ausschließlich mit seiner Unzulänglichkeit, von der kein Mensch in dieser Welt etwas weiß.

Wie wenn ihn jemand festgehalten hätte, bleibt er plötzlich stehen. Was soll das heißen, er kann es ihr nicht sagen? Wer Buddhas Lehre studiert, der lernt, sein neurotisches, selbstbezogenes Ich stetig kleiner werden zu lassen, um es in unermesslichem Mitgefühl gegenüber allen Lebeweisen aufzulösen. Durch das Aufgeben von Hoffnung - auf Gewinn, Ruhm, Lob, Vergnügen und Furcht - vor Verlust, Bedeutungs-losigkeit, Kritik, Schmerz.

Dankbarkeit gegenüber dem Buddha und seinen

Lehren durchströmt ihn, denn er sieht es auf einmal in aller Klarheit. Statt unausgelebten Sehnsüchten hinterher zu jammern oder sich in unnütze Gedanken über verpasste oder zukünftige Liebesmöglichkeiten zu verstricken, wird er sich Martina ehrlich offenbaren. Genau dadurch wird sie verstehen und begreifen, dass sie weder Schuld hat noch verantwortlich ist.

Fest entschlossen holt er seine Mala hervor, dreht die Perlen der Kette, rezitiert Gebete. Laut, mit offenem Herzen und offenem Geist. Während er Schwelle für Schwelle voranschreitet. Äste knarren leise im Wind, Vögel hüpfen auf der Suche nach Nahrung raschelnd durchs Unterholz, ein Marder liegt tot und starr neben der Schiene. Der Frühling schickt seine Vorboten, die ersten grünen Triebe vereinzelter Büsche, die ihren Weg zum Licht gefunden haben.

Dann, auf einmal ist es wieder da, aufgetaucht aus dem Nichts, woher nur ist es gekommen und warum, diese Erinnerung an damals, das Bild, die griechische Taverne, präsent vor seinem inneren Auge, wie sie glücklich strahlend seine Hand nahm und sich mit liebevollem Blick vorbeugte, wie er sich souverän gab, bemüht, sein abgrundtiefes Verletzt Sein nicht zu zeigen. Was wäre geschehen, wenn er aufrichtig gewesen wäre, hätte seine Liebe bekannt, seine Tränen gezeigt, all das, was man tut, wenn man traurig enttäuscht ist?

Nachdenklich setzt er seinen Gang übers Gleis fort, bis er ein Zischen in den Schienen wahrnimmt, das zunehmend lauter wird und ihn in die Gegenwart zurückholt. Keine Minute später taucht eine Regionalbahn hinter ihm auf, die schnell näher kommt. Er steckt die Gebetskette weg und steigt die Böschung des Bahndamms hinunter, kämpft sich durchs Unterholz. Der vorwurfsvoll hupende Zug donnert an ihm vorbei.

Als er den Waldrand erreicht, muss er über einen Bach springen und eine kurze steile Böschung hochklettern, um zum Feldweg zu gelangen. Anschließend ordnet er sorgfältig seine Roben. Bis ein Fahrradreifen vor seinem Gesicht auftaucht. Er blickt auf, erhebt sich erschrocken, weicht zurück. Katrin Rose steht mit dem Fahrrad vor ihm und zeigt wenig Begeisterung ihn zu sehen.

»Wollen Sie mir schon wieder helfen?«

Der Platten an ihrem Hinterrad entgeht ihm nicht.

»Gerne, wenn Sie Flickzeug dabei haben.«

Hat sie. Aber natürlich keine Zeit, darauf zu warten, bis ein Glaubensbruder ihren Platten geflickt hat. Schließlich hat sie einen Klempnertermin im Schloss, jetzt gleich. Gestern musste sie die Heizung abstellen, also ist es kalt geworden im Schloss und alle werden sauer auf sie sein.

Während sie redet, gibt er sich souverän, begutachtet das Hinterrad und zieht einen spitzen

Stein aus dem Reifen.

»Was ist denn mit der Heizung?«

»Ein Heizkörper ist von der Wandhalterung gebrochen und bevor Wasser aus dem angeknickten Rohr laufen konnte, hab ich die Anlage abgeschaltet und das Wasser aus Heizkörpern und Rohren abgelassen. Jetzt wartet der Installateur im Schloss auf mich.«

»Ohne das Rad zu schieben, sind Sie schneller. Ich könnte in Ruhe den Schlauch reparieren und später das fahrbereite Rad neben den Schlosseingang stellen.«

»Wenn Sie wollen. In der Satteltasche finden Sie, was Sie brauchen.«

»Vielen Dank.«

»Wofür?«

»Für Ihr Vertrauen.«

Nun muss Katrin Rose das erste Mal lächeln. Ein Lächeln, das die Alarmglocken in seinem Innern läuten lässt.

»Ein Mönch wird wohl nicht mein altes Fahrrad klauen.«

Jetzt lächelt auch Tenpa.

»Wer weiß.«

Sie mustert ihn kurz, durchaus ein wenig wohlwollend, und macht sich auf den Weg. Er schaut ihr nach. All seine Gelübde wie vom Erdboden verschluckt kann er den Blick nicht von ihr lassen, wie sie die Gleise überquert Richtung Schloss. Rote

Windjacke, braune Turnschuhe. Wilde, schwarze Locken, aufrechter Gang, entschlossener Schritt... Spaziergang in sonniger Sonne, Hand in Hand am Kornfeld entlang, ein spielender Hund an ihrer Seite, zärtliche Blicke, Lachen... - sie dreht sich unerwartet zu ihm um und er bückt sich rasch zum Fahrrad. Wie wenn er verheimlichen wollte, dass er ihr hinterher geschaut hat. Holt das Flickzeug aus der Satteltasche und legt es ins Gras, neben die Luftpumpe. Gebrauchsanweisung, diverse Schraubenschlüssel, Klebstoff, Gummiflicken, Plastikheber, Aufrauer. Er muss seine Gedanken sortieren, nimmt sich Zeit, schließlich ist er kein Fahrradprofi. Aber ein ehemaliger Geländefahrer, der im Kloster Wasserkocher repariert, wird ja wohl einen Fahrradreifen flicken können. Er stellt das Rad auf den Kopf, öffnet das alte Druckventil, begutachtet den Plastikheber, der offenbar dazu dienen soll, den Mantel von der Felge zu hebeln, um den Schlauch hervorholen zu können.

Erneut blickt er in Katrins Richtung. Sie ist hinter den ersten Häusern von Glankow verschwunden.

VIER

Die Einladung zum Brunch in der Gemeinschaftsküche hat er gerne angenommen. Nicht weil ihm der Sinn danach steht, mit drei Künstlerinnen zu plaudern. Ganz und gar nicht. Nein, er ist nach der Fahrradreparatur schlicht und einfach nur hungrig, sitzt am Tisch mitten unter den Frauen, wundert sich, wieso es hier nur Frauen gibt - und langt kräftig zu. Weil keine den Tee finden konnte und man ihm deshalb nur Kaffee angeboten hatte, trinkt er Wasser. Kein Problem für ihn. Er isst und schweigt und es überrascht ihn ein wenig, dass seine Befürchtung, die Frauen würden ihn mit Fragen löchern, sich als komplett falsche Annahme herausstellt. Im Gegenteil. Niemand kümmert sich um ihn.

Sie reden über Kunst. Nicht über Sinn, Inhalt oder Technik. Sondern über Erfolg. Verena hat schon wieder zwei große Einzelausstellungen zur selben Zeit, darunter ihre erste im Westen, in einer angesagten Galerie in Hamburg. Rheinländerin Silke Lewald, die aus einfachsten Verhältnissen stammt und es noch nie leicht hatte im Leben, echauffiert sich über das Inzuchtverhalten der Mecklenburger Künstler-mischpoke, die sich als Galeristinnen, Vorsitzende von Fördervereinen, Jurymitglieder bei

Stipendiaten-wettbewerben oder Kunstpreisen andauernd gegenseitig Projekte zuschöben. Immer tauchten dieselben Namen auf, die Gelder vergeben oder bekommen. Eine wie sie habe hier im Norden, beziehungsweise Osten, definitiv keine Chance. Verena lässt die Vorwürfe im Raum stehen und schweigt.

Ebenso wie Claudia Bahnsen. Die Hamburger Aristokraten-tochter musste in ihrem Leben noch nie arbeiten. Sie lebt bequem vom Vermögen des Familienunternehmens. Nichtsdestotrotz oder vielleicht gerade deshalb zutiefst unzufrieden ist sie seit Jahren dabei, ihr Heil in der Esoterik zu finden. Für zwei Monate hat sie im Schloss ein Atelier gemietet. Sie will sich als Künstlerin ausprobieren - ein weiterer ihrer zahlreichen Versuche glücklich zu werden. Auch ihre gestrige Nacht war ein Versuch. Und sie ist sich mal wieder nicht sicher. War es tatsächlich richtig, sich nach mehreren Flaschen Weißwein auf ein Abenteuer mit der tätowierten Lesbe eingelassen zu haben?
Claudia hatte noch nie eine Ausstellung und kann zur Erfolgsfrage folgerichtig auch nichts beisteuern. Dafür thematisiert sie die unerträgliche Kälte im Haus und lästert, weil sich niemand um die Reparatur der Heizung kümmert. Obwohl Katrin drei Ölradiatoren besorgt hat, die um den Tisch herum stehen und ihr Bestes geben, beharrt sie darauf, dass

sich kein Mensch um ihr Wohl sorgt. Keiner taucht auf, um die Heizung wieder in Gang zu bringen, wo sie doch so schnell eine Erkältung bekommt, weil ihre Widerstandskräfte von Natur aus schwach sind. Sie wird auf jeden Fall die Miete mindern.

Silke findet das absurd. Schließlich habe Claudia Geld ohne Ende. Als einzige in der Runde. Während ihres kleinen Vortrags über klassenspezifische Verhaltensmuster schmiert Silke fingerdick Löwensenf Extra auf ein deftiges Wurstbrötchen und reicht es Tenpa, der nicht merkt, dass ihr freundlich wirkendes Lächeln von hinterhältiger Gemeinheit getrieben ist. Folgerichtig beißt er lustvoll in die Mecklenburger Bauernsülze - und prompt stockt ihm der Atem, er ringt nach Luft, Tränen schießen in seine Augen. Sekundenlang in Bewegungslosigkeit erstarrt, bis er entscheidet, sich von der brennenden Schärfe nichts anmerken zu lassen, weil er seine Gastgeberinnen nicht verletzen will. Er kaut weiter.

Claudia muss derweil mit Entsetzen ansehen, wie ein buddhistischer Mönch gezwungen wird, totes Tier zu essen. Wie soll er so zur Erleuchtung kommen. Auch Vegetarierin Verena wundert sich, wieso er das mit sich machen lässt. Er will gerade ansetzen, um eine Antwort zu geben, keine wirkliche, bei der es um die karmischen Konsequenzen von Handlungen geht, wenn man dazu beiträgt, dass Wesen getötet werden. Sondern er will die Haltung des Dalai Lama wiedergeben, für den Gastfreundschaft vor

Essgewohnheit steht. Doch bevor er dazu kommt, stellt Silke die entscheidende Frage.

»Wieso bist du eigentlich nach Asien abgehauen?«

Tenpa schaut auf zu Silke, legt das Brötchen mit dem Senf langsam beiseite, überlegt. Claudia ist schneller.

»War deine frühere Freundin schwanger?«

Für Silke das richtige Stichwort.

»Wer schwanger wird, ist selber schuld. Naja, ein Mönch, der eine Frau schwängert, wäre ja nicht das erste Mal.«

Verena denkt nach.

»Nee, soweit ich weiß, war meine Stiefschwester nicht schwanger, aber ich hab mal gelesen, dass ein Mönch in Berlin...«.

»Vielen Dank fürs Frühstück.«

Tenpa erhebt sich und geht. Kaum ist er hinter der großen Flügeltür verschwunden, legt Silke nach.

»Das ist doch kein Mönch. Der hat es faustdick hinter den Ohren.«

Claudia schiebt traurig ihr Honigbrötchen beiseite.

»Ich habe immer noch nichts von ihm und seiner Weisheit mitbekommen. So ein besonderer Gast. Das Brunchen hätte so inspirierend werden können.«

»Quatsch. Mit Sicherheit ist der schwul. So gut wie der aussieht.«

»Silke!«

»Was soll's, ich brauch keinen, der für mich betet. Durch Beten ist noch kein Problem in der Welt gelöst worden. Naja, wenigstens ist sein Haarschnitt

69

super.«

Claudia erzürnt sich weiter, ihre Augen blitzen.

»Siehst du nicht, dass er ein Heiliger ist!«

Verena schaut Claudia nachdenklich an.

»Heilig weiß ich nicht, aber nett ist er. Und gut aussehen tut er auch. Obwohl er schon ein bisschen in die Jahre gekommen ist.«

»Was ja für Dich kein Hinderungsgrund ist.«, kontert Silke und steckt sich eine Zigarette an. »Probier ihn doch aus.«

»Ihr seid so oberflächlich und primitiv.«, findet Aristokratentochter Claudia. Silke ist inzwischen aufgestanden, um sich die Cognac-Flasche zu holen und einen guten Schluck in ihren Kaffee zu kippen.

»Mit primitiv hab ich kein Problem. Wenn's Spaß bringt.«

Die Weidenzweige liegen vor ihm auf der Wiese. Wie gelähmt hockt er da, schon eine halbe Ewigkeit, hinterm Schloss auf einer Bank im Park, den Kopf auf die Hände gestützt tut er nichts, Gedankensplitter flackern wahllos in ihm auf und ab, Nebel hat sich in einer dicken Schicht um die Klarheit seines Geistes gelegt. Sichtweite null, so glotzt er vor sich hin, hört die blökenden Schafe, die mitten auf der Wiese hinter einem eingezäunten engen Quadrat hin und her rennen. Sie streiten sich offenbar um die besten Plätze, um die beste Sicht auf ihn, den Menschen in rot. Wollen sie Fressen von ihm? Drängt es sie, freigelassen zu werden? Sind sie nur neugierig? Er steht auf und nähert sich dem Zaun. Die Aufregung unter den Schafen steigt, sie drängeln noch mehr, blicken ihn erwartungsvoll an. Ihren scharfen Geruch zur Kenntnis nehmend will er beruhigend auf sie einreden, da steht plötzlich Verena neben ihm.

»Habt ihr im Kloster auch Schafe?«

Er sieht zu ihr auf. »Wir haben so schon genug zu tun.«

Gemeinsam betrachten sie die Tiere. Sein Blick wandert über die eingezäunten Schafe hinweg in die Tiefe der Wiese, die sich bis zum Waldrand erstreckt.

»Gehören die zum Schloss?«

»Nein, nein. Sie sind vom Bauern gegenüber. Es war seine Idee. Er darf unsere Wiese nutzen und wir sparen uns den Rasenmäher.«

»Und ihr habt eine Inspiration mehr, bei der Arbeit.«

»Naja, das Geblöke kann manchmal schon auch nerven. Magst du mal meine Kunst sehen?«

Sie blickt ihn unbedarft an.

Er sollte klipp und klar nein sagen.

»Gerne.«

Während sie in dem vollgestellten Atelier Mappen und Stapel beiseite räumt, sprudelt es aus ihr heraus, die Aufmerksamkeit des Mönchs genießend. Voller Begeisterung berichtet sie von den großzügigen Räumlichkeiten der Hamburger Galerie. Dort wird nur selten jungen Künstlern eine Einzelausstellung angeboten. Außer sie sind bereits Teil der etablierten Kunstszene. Sie hat's jetzt geschafft!

Er hört aufmerksam zu und betrachtet dabei ihre Arbeiten. Farbenprächtige Blumenfotos, die zu großformatigen Collagen zusammengestellt sind, ebenso farbenfrohe stilisierte Landschaftsmalereien auf Leinwand und Kohlezeichnungen auf Papier, die mit wenigen Strichen Männerakte zeigen. Daneben Portraitfotos Mecklenburger Männer in schwarzweiß. Offensichtlich ist Verena nicht nur eine begabte, sondern auch eine sehr produktive Künstlerin.

Alles liegt überall herum. Kreatives Chaos.

Eine farbenschrille Blumenkollage, die gerahmt hinter mattem Glas auf einer Arbeitsplatte liegt, hat es ihm besonders angetan. Eingehender betrachtet er sie. Sein Finger gleitet über das Glas, als wenn er die einzelnen Fotos, Makroaufnahmen von Blütendetails, auf ihre Echtheit prüfen wollte. Sie räumt Fotoabzüge beiseite, die unmittelbar neben der gerahmten Collage liegen und stellt sich neben ihn. Seine Hände verschwinden beiläufig in den Roben.

»Du hast Papierabzüge gemacht und sie danach wieder abfotografiert, um den räumlichen Eindruck zu stärken. Das erhöht die sinnliche Wahrnehmung. Richtig?«

»Du magst es, nicht wahr?«

Ihre Stimme hat plötzlich einen zärtlichen Klang. Zumindest nimmt er es so wahr. Er schaut zu ihr hoch. Umwerfend sieht sie aus. Ihr Kostüm ist schick aber dezent, auf keinen Fall zu viel. Erst in diesem Augenblick registriert er den feinen, zurückhaltenden Duft ihres Parfüms.

»Sehr. Du zeigst mir aber nicht nur, wie schön die Natur ist, sondern...«

»Sondern?«

Sie blickt ihm herausfordernd in die Augen. Verunsichert bohrt er die Hände tiefer in seine Roben.

»Sondern... du zeigst auch die Kraft, die dahintersteckt.«

»Kunst muss ja auch mehr sein als das bloße Abbild von Natur.«

»Deine Fotos sind wunderschön.«

Er meint es wie er es sagt. Quietschendes Grün, geheimnisvolles Dunkelviolett, provozierendes Knallrot, grelles Weiß - und aufgrund der immensen Vergrößerung wird der quittegelbe Blütenstaub zu strahlenden Kristallen. Ausdruck einer unbändigen Energie, Kraft, Wärme und Schönheit. Tenpas Begeisterung über die Fotokollage kennt keine Grenzen. Leicht und schwebend und gleichzeitig voller Überzeugung kommen ihm die Worte über die Lippen. Die Blütendetails wecken in ihm Assoziationen an die 'Vier Unermesslichen' und das muss er ihr natürlich erklären und er tut es und spricht von denjenigen Qualitäten im Menschen, die unbegrenzt und ohne jede Beschränkung vorhanden sind und nur wachgerüttelt werden müssen. Liebe, Mitgefühl, Mitfreude und Gleichmut.

Es sprudelt nur so aus ihm heraus, bis sie auf einmal ganz nah an ihn herantritt und zärtlich beiläufig seine Hand berührt. Abrupt hört er auf zu sprechen. Er weicht ihrem Blick aus, wendet sich ab, geht durch den großen Raum zum Fenster, Blick hinaus auf die Wiese, die Schafe, den Waldrand. Zeigt ihr den Rücken und sonst keinerlei Reaktion.

Nach einer gefühlten Ewigkeit sagt sie vorsichtig leise seinen Namen. Er dreht sich zu ihr hin. Sie ist neben der Arbeitsplatte stehengeblieben, hat den räumlichen Abstand den er brauchte respektiert, schaut erwartungs-voll. Fragend. Neugierig. Er möchte sich erklären und weiß im selben Augenblick, wie aussichtslos das ist.

Kräftigen Schrittes entfernt er sich vom Schloss, froh über sich, die richtige Entscheidung getroffen zu haben und somit der Leidenschaft, die Leiden schafft, entkommen zu sein. Hinter den letzten Häusern sieht er eine alte, schmale Fußgängerbrücke, die über einen tiefen Wassergraben führt und das Dorf mit dem Waldrand verbindet. Er hebt seine Gewänder, lässt den von Weiden gesäumten Feldweg hinter sich und läuft befreit los, querfeldein über die unebene, von Maulwurfshügeln übersäte Wiese.

Anstrengung tut gut. Tapfer kämpft er sich über die Grasnarbe. Bis er in eine sumpfige Mulde tritt und das Gleichgewicht verliert, weil er die Tiefe der Ausformung unterschätzt hat. Der Länge nach fällt er.

Auf dem Bauch und mit dem Gesicht im Morast, so liegt er da, der buddhistische Mönch in seinen erhabenen Gewändern. Als die Regionalbahn durch den Wald rauscht und ohne zu stoppen am Haltepunkt 'Schloss Glankow' vorbeifährt.

Der Moment, als er sich von Verena verabschiedete, ihr amüsiert mitleidig grinsender Blick, der tat weh, verdammt weh. Der Stich im Magen spülte das verdammte Elend seines früheren Lebens an die Oberfläche.

Was hatte ihn getrieben, so plötzlich das Atelier zu verlassen? Die Sorge, Gelübde zu brechen und damit all das aufs Spiel zu setzen, was sein Leben in den letzten Jahren ausgemacht und ihn zu einem zufriedenen Menschen hatte werden lassen?

Oder war die Angst, bei Verena zu scheitern, nur größer gewesen als das Verlangen?

Auf dem Sofa sitzt er, vor dem kleinen Schrein, erschöpft und ausgelaugt. Die Fragerei beim Frühstück, der schreckliche Senf. So viele Frauen, so viele aufwühlende Gedanken und Gefühle.

Ferngesteuert kommt er sich vor, nicht mehr Herr seiner Sinne zu sein, nicht mehr er selbst, sondern Sehnsuchtsgefühlen ausgesetzt. Wie schön es dagegen im Kloster sein kann, meistens zumindest, der ritualisierte Ablauf eines Tages mit so viel herzlicher Freundlichkeit um einen herum, immer im Moment sein zu können, immer in Gemeinschaft, ohne sich selbst zu wichtig zu nehmen, sinnbehaftet und ohne Hoffen und Fürchten.

Eine Methode zu sich zurückzufinden hat bei ihm immer funktioniert. Folgerichtig steht er auf, schiebt den Couchtisch beiseite, hebt die Hände zum Gebet und macht sich an die Arbeit.

Niederwerfung. Das ist die Übersetzung des tibetischen Wortes 'chak tsal'. 'Chak' steht für das Wegwischen schädlicher Handlungen - so wie man mit dem Besen Schmutz wegfegt. 'Tsal' bezeichnet das Empfangen des Segens. Es geht um Hingabe und Respekt. Gegenüber dem Buddha ebenso wie gegenüber der Wahrheit seiner eigenen letztendlichen Natur. Gleichzeitig dient das Niederwerfen auch als Mittel gegen Stolz. Mit jeder Niederwerfung lässt der Übende die selbstsüchtige Seite seines Ichs mit all seiner Überheblichkeit los.

Er hält seine Hände betend vor Stirn, Hals und Herz, lässt sich Richtung Buddha zu Boden gleiten, streckt sich aus, erhebt sich wieder, nimmt die Hände erneut hoch. Jedes Mal, wenn er sich aufrichtet, drückt er einen kleinen mechanischen Zähler, der neben ihm auf dem Teppich liegt. Es dauert nicht lange und er gerät ins Schwitzen. Nur kurz unterbricht er, um einen Teil seiner Gewänder auszuziehen. Dann geht es weiter. Bis der Zähler 103 zeigt.

Nun sitzt er wieder im Schneidersitz auf dem Sofa, aufrecht, körperlich erschöpft und gleichzeitig entspannt. Leise murmelnd rezitiert er Mantren. Sanft und achtsam dreht er die Perlen der Mala, den Blick hoch zum Buddha gerichtet. Bis er erneut mit seinen Gedanken woanders ist und sich erhebt, um aus der Reisetasche eine alte Landkarte hervorzuholen. Schleswig-Holstein, Mecklen-burg und die Ostsee. Er breitet sie auf dem Boden aus. Mit Filzstift sind Routen markiert, die abseits von Straßen verlaufen. Er vertieft sich in die Karte, die Martina und ihm damals ein treuer Begleiter war.
Eine Autohupe ertönt mehrmals und reißt ihn aus seinen Gedanken. Er steht auf und geht zum Fenster. Da parkt ein Lieferwagen vorm Eingang. Der mobile Supermarkt. Vielleicht gibt es dort ja Tee. Der Gedanke gefällt ihm und er verlässt kurzum die Wohnung, nicht ohne sich leicht Richtung Buddha verbeugt zu haben.

Im weißen Kittel lehnt der Fahrer des Supermarkts am Lieferwagen, wartet auf Kundschaft, raucht, beobachtet zwei weiße Schmetterlinge, die um einen

Busch herum-tänzeln. Er liebt Schmetterlinge über alles. Dass nicht alle von ihnen als Raupe, Puppe oder ungeschlüpft im Ei überwintern, ist nichts Neues für ihn. Manche entscheiden sich für die Winterstarre und wenn es dann mal unerwartet warm wird, so wie jetzt Anfang März, wachen sie auf und fliegen einfach umher. Ohne Nahrung zu sich zu nehmen. Zum ersten Mal sieht er welche, die vorzeitig und sicherlich vorübergehend aufgewacht sind. Wie schön das ist, erwachendes Leben beobachten zu dürfen.

Der Mönch tritt aus dem Haus und sieht Silke, die ihm überraschend freundlich zu winkt. Vor dem großen Tor ihres Ateliers, das in einem scheunenähnlichen Nebengebäude des Schlosses liegt, bearbeitet sie einen Baumstamm mit abgezogener Rinde, der in einem Gestell klemmt. Konzentriert schlägt sie mit einer kleinen Axt tiefe Kerben ins Holz, um sie anschließend mit Gummihammer und Stechbeitel zu rundlichen Mulden zu verfeinern.

Er geht auf den Lebensmittelhändler zu, der ihn mit freundlicher Geste bittet einzutreten. Tenpa nimmt die beiden Stufen in der schmalen Eingangstür und steht in dem kleinen Lebensmittelladen. Links und rechts an den fensterlosen Wänden Regale mit Waren. Dazwischen ein enger Gang. Sein Blick gleitet geduldig suchend an Schweinespeck, Schokoladenpudding, Eiernudeln, Nordhäuser

Doppelkorn und Bohnenkaffee vorbei. Bis er schließlich doch nach dem Lebensmittelhändler ruft.

»Ich kann den Tee nicht finden.«

»Darf ich Sie zum Tee einladen?«

Er dreht sich um Richtung Eingangstür, Katrin ist gerade hereingekommen und steht vor ihm. Ganz nah. Zum dritten Mal blickt er in ihre großen Augen. Zum ersten Mal sorgt er sich nicht um die vorgeschriebene körperliche Distanz. Sondern nickt.

Kurz danach stehen in ihrem Büro zwei Teebecher nebeneinander auf dem Schreibtisch. In jedem Becher ein Teebeutel im heißen Wasser. Er nimmt beide Beutel und legt sie auf ein Schälchen. Sie reicht ihm einen Becher. Beide trinken. Keiner spricht. Da ist er erneut mit einer Frau allein in einem Raum, trinkt mit schwitzenden Händen Tee und versteht überhaupt nicht, was gerade passiert. Denn er fühlt sich pudelwohl. Das geht gar nicht - und ist gleichzeitig wunderschön aufregend und fremd.

»Mögen Sie den Tee?«

»Schön heiß ist er.«

Er reibt seine Hände an den Roben, blickt zur Seite. Nicht zu lügen gehört bekanntlich zu den Basisgelübden. Also kann er nicht mehr zu ihrer Frage sagen. Katrin, die keine Ahnung von seinen Gelübden hat, muss schmunzeln. Erst sein kurzer irritierter Blick nach dem ersten Schluck, dann das geschickt lausbübische Lächeln, beides ist ihr nicht

79

entgangen. Natürlich weiß sie, dass dieser Tee nicht gut sein kann. Die Beutel lagen schon in einer offenen Schachtel im Schrank, als sie vor Monaten das Büro übernommen hatte.

»Ich trink sonst immer Kaffee«.

Sie merkt, er hat es gemerkt. Guter Tee ist etwas anderes. Doch welche Rolle spielt das schon. Er schaut sich in dem großzügigen Büro um. Ein voluminöser Computer, zwei Bücherregale, ein Ständer mit Kunstzeitschriften, eine Maschine für Espresso und Cappuccino, an der Wand ein Plan, der die Belegung der Ateliers zeigt.

Die beiden sitzen auf Stühlen voreinander. Es ist still und kalt. Aber ihm ist warm, wohlig warm. Und zwar nicht, weil das Kloster ihn abgehärtet hat.

»Das Haus gefällt mir, arbeiten tue ich eigentlich gerne hier, aber...«

Sie zögert, er wartet.

»Wenig zu sagen, wenig zu tun, wenig Geld. Aber immer noch besser als Kunde beim Jobcenter. Bei Karstadt in Wismar habe ich lange Schuhe verkauft. Aber eigentlich bin ich Schuhdesignerin.«

Er nickt verständnisvoll.

»Und Sie?«, fragt sie.

»Ich? Ich habe...«

Das Bild der kahlköpfigen Martina im Krankenbett blitzt in ihm auf. Mit Verzögerung redet er weiter.

»... einen Auftrag zu erledigen.«

Katrin nickt einvernehmlich. Ohne nachzufragen

schaut sie zur Seite. In dem Moment, nur ganz kurz, der Bruchteil einer Sekunde, sein verstohlener Blick auf ihren Busen und eine Hitzewallung durchströmt seinen Körper von Kopf bis Fuß, scheu hält er sich am Teebecher fest.

Wenig später ist der Abstand zwischen ihnen gefährlich geschrumpft. Keiner von beiden hat auch nur die geringste Ahnung, wie sie auf das Thema Autobahn gekommen sind. Ganz leicht, wie zufällig, berührt er mit seiner Robe ihre Beine. Gerne möchte er ihre Hand fassen. Aber das geht natürlich nicht. Überhaupt geht das hier alles gar nicht. Sein Glücks-Hormon-Adrenalin-Ausstoß, dieser beinah unaushaltbare Schmerz in der Brust, es ist unerträglich und gleichzeitig so schön, tut so gut. Durch jede Pore seines Körpers strömt es und fühlt sich verdammt aufregend an. Monastische Verpflichtungen? Rücken gerade nicht in sein Gewahrsein. Damit das auch so bleibt, sind verkehrspolitische Argumentationen genau die Richtigen.

»Naja, als die Ostsee-Autobahn gebaut wurde, war ich auch dafür. Weil ich dachte, so entstehen neue Arbeitsplätze.« Sagt sie.

»Mit Sicherheit ist das Gegenteil eingetreten. Denn international konkurrenzfähige Arbeitsplätze sind in Mecklenburg-Vorpommern Mangelware. Wenn die Wirtschaft durch die Autobahn schneller nach Mecklenburg kommt, kommen die Arbeitskräfte auch schneller von hier weg. Nach Hamburg. Zum Beispiel.«

Er grinst keck und freut sich, dass sie damit nicht gerechnet hat. Sondern staunt nicht schlecht, was der Mönch aus dem asiatischen Kloster alles weiß. Der setzt noch einen drauf:

»Mobilitätswissenschaftliche Plausibilität.«

Und damit sie versteht, dass er sie nicht auf den Arm nehmen will, lüftet er gleich darauf sein Geheimnis:

»Ich war früher in der Bürgerinitiative. Gegen die A 20.«

Erleichtert über diese banale Erklärung lehnt sie sich zurück.

»Verkehrspolitik war aber nicht wirklich mein Thema.«, behauptet der ehemalige Verkehrsplaner und engagierte, alternative verkehrspolitische Aktivist und hat damit eines der Gelübde verletzt. Was ihn gerade überhaupt nicht kümmert. Nicht jetzt.

»Meines auch nicht.«, sagt sie lächelnd.

Pause. Jeder schaut vor sich hin. Für den Bruchteil einer Sekunde treffen sich ihre Blicke. Mitten ins Herz.

»Benutzt habe ich die Autobahn schon. Geht einfach schneller.«

Das sieht er selbstverständlich ein.

»Wenn sie schon mal da ist.«

Sie müssen unwillkürlich auflachen. Beide haben es gesagt. Gleichzeitig. Wenn sie schon mal da ist.

Die Stille die folgt will kein Ende nehmen.

Bis das Telefon klingelt. Sie macht keine Anstalten abzuheben.

»Wollen Sie mal einen Kaffee probieren?«

Ja. Nein. Er muss der Situation entkommen. Er will es, er hält es nicht mehr aus. Sogar durchs Fenster hat er hilfesuchend geschaut, Richtung Himmel, wohl wissend, dass von dort niemals Lösungen kommen. Herzrasen, lautes Herzklopfen, Schwindelgefühl, Übelkeit.

»Beim nächsten Mal sehr gerne. Jetzt muss ich. Vielen Dank für den Tee.«

Sie nickt, ein bisschen enttäuscht, aber vielleicht irgendwie auch erleichtert. Er steht auf, ein bisschen erleichtert, aber vielleicht irgendwie auch enttäuscht. Sie erhebt sich ebenfalls, tritt nah an ihn heran, nimmt seine Hand, schaut auf zu ihm und es hört sich an wie eine Aufforderung.

»Wiedersehen, Herr Mönch.«

Ohne links und rechts zu schauen eilt er in sein Apartment und schließt von innen ab. Zweimal. Großes baut sich da in ihm auf. Etwas nie Gekanntes, Wunderbares, Überwältigendes, Grenzenloses. Er lässt sich aufs Bett fallen, springt wieder auf, tänzelt durch den Raum, wirft die Landkarte von der Ostsee in die Reisetasche, holt sie wieder hervor, um sie auf dem Tisch abzulegen, hat einen Einfall und sucht etwas in den Schränken der Küchenzeile, eine Tür nach der anderen öffnet er, findet nicht, wonach er sucht, lässt sich wieder aufs Bett fallen, steht Sekunden später aufrecht auf der Bettdecke und beginnt mit einem Luftgefecht, zieht das fiktive Schwert und kämpft geschmeidig und geschickt gegen den Feind und seine Pantomime ist wirklich gut, seine Roben fliegen wie bei einem Japanischen Samuraikämpfer, nur dass seine Bewegungen fein und sanft und voller Humor sind, bis er vor Lachen nicht mehr kann - jetzt hat er die richtige Idee und steckt das 'Schwert' beiseite, macht eine tiefe Verbeugung Richtung Buddhastatue und stürmt aus der Wohnung.

Im Treppenhaus tritt er auf abgesperrten, weil eingeölten Boden. Er spürt den finsteren Blick der Reinigungsfrau, küsst ihre Hand und rennt die Treppe hinunter, immer zwei Stufen auf einmal. Wie ein aufgescheuchter Schuljunge. Mit Weinflasche in der Hand kommt ihm Claudia Bahnsen entgegen, sie bleibt stehen, um ehrfürchtig zu grüßen. Er kümmert sich nicht um sie und stürmt vorbei. Die Schlosstür knallt.

Der Motor brüllt. Der Trecker kämpft sich waghalsig über den unwegsamen Wirtschaftsweg im Wald. Am Steuer reitet ein begeisterter Tenpa, neben ihm auf dem Notsitz der Bauer, der ihn am Bahnhof aufgabelt hatte und nun technische Anweisungen gibt, sich dabei kräftig an der gebogenen Stange festhalten muss und aus dem Staunen nicht mehr herauskommt, wie geschickt sein begabter Fahrschüler ist, der glücklich und befreit an beste Zeiten anknüpft und dabei im Hier und Jetzt an gar nichts denkt.

Wenig später. Zwei Rehe haben sich mitten auf dem Acker in Sicherheit gebracht und beobachten die beiden Treckerfahrer, die gemütlich am Waldrand auf einem Baumstamm sitzen, gemeinsam von den Pausenbroten des Bauern essen und Kaffee aus seiner Thermoskanne trinken. Wie zwei alte Kumpels hocken sie da und Bauer Heinrich Kuballa hört gerne zu, wie der feine Kerl neben ihm sprudelnd von alten Zeiten plaudert. Damals fuhr er über ganz andere Wege.

Alles begann in der Kindheit. Mit dem ersten Fahrrad. So schnell wie möglich peste der Achtjährige allein durch den nahegelegenen Wald und war einfach nur er selbst. Je schneller, desto besser. Doppelt und dreifach war der Spaß, wenn es vorher geregnet hatte und die Wege verschlammt waren und damit die Möglichkeiten zu stürzen größer. Jede glitschige Kurve, die er schliddernd schaffte, ohne in den Matsch zu segeln, verbuchte er als Sieg. Ab und zu fand er andere, mit denen er nach

Stoppuhr um die Wette fahren konnte. Da zeigte sich seine Überlegenheit. Fast immer gewann er. Mit Willen, Achtsamkeit und Konzentration. Er fiel nur auf die Fresse, wenn er es im unbändigen Siegeswillen übertrieb und sein natürliches Gefühl für Grenze und Sicherheit absichtlich ignorierte. Jeder Sturz kostete wertvolle Sekunden, die kaum aufzuholen waren. Doch letztlich war das unwichtig. Was zählte, war der Moment.

Als Jugendlicher kam das Moped. Mit zwanzig Jahren das Auto und das Offroad-Fahren. Nie ging es um Leistung, um Wettbewerb, um Besser-als-die-Anderen. Deshalb war er auch in keinem dieser Vereine, in denen Meisterschaften unter harten Männern ausgetragen wurden, die nichts anderes im Kopf hatten als Automodelle und Sex. Die kämpferische Auseinandersetzung mit dem Boden, die auf Geschicklichkeit und Mut gründete, das Vertrauen in die eigene Intuition, im richtigen Augenblick die einzig notwendige Bewegung zu machen, um den Schlamm zu überwinden ohne stecken zu bleiben - all das setzte ekstatische Freude in ihm frei. Die Freude nicht zu scheitern, keine Niederlagen einstecken zu müssen, 'es' alleine zu meistern, sich zu spüren, eins mit sich zu sein - ohne anderen etwas beweisen zu müssen. Das war Freiheit.

Tenpa nimmt einen tiefen Schluck aus dem Kaffeebecher und das Leben im Kloster ist in weiter

Ferne.

Am späten Nachmittag findet die Sonne ihren Weg durch die graue Wolkenwand und taucht den Platz vor dem Schloss in ein weiches, friedliches Rot. Silke arbeitet immer noch an ihrer Holzskulptur. Sie denkt an Claudia und die gemeinsame letzte Nacht. Eigentlich war es mit der Großbürgerlichen nicht schlecht gewesen, zumindest verglichen mit anderen Heterofrauen. Sie wird es heute Abend erneut angehen, um die zärtlich-leidenschaftliche Erfahrung der letzten Nacht zu wiederholen. Sehnsüchtig erinnert sie sich an den Duft von Claudias Haut. Verdammt gut riecht die feine Fünfzigjährige. Silkes Gedanken werden unterbrochen. Katrin Rose, die gerade aus dem Schloss tritt, winkt ihr freudig grüßend zu, steigt beschwingt auf ihr Fahrrad und fährt davon in den Feierabend. Was ist denn mit der los? Die rote Socke grüßt sonst nie. Etwas stimmt nicht auf Schloss Glankow. Bevor sie über den Gedanken nachdenken oder weiter ihre Skulptur bearbeiten kann, taucht die nächste Irritation vor ihr auf. Der Mönch steuert den LPG-Trecker zügig an ihr vorbei und hält vorm Schloss, schüttelt dem Bauern dankbar die Hand, springt vom Bock und verschwindet fröhlich hüpfend im Haus. Silke ist baff und Heinrich Kuballa wartet geduldig.

Tenpa eilt die Freitreppe hinauf, immer zwei Stufen auf einmal nehmend. Oben angekommen klopft er an Katrins Tür und drückt die Klinke. Verschlossen. Seine Enttäuschung dauert nur zwei Sekunden. Zu stark ist das Glücksgefühl in ihm. Gerne hätte er sie auf eine Spritztour mit dem Trecker entführt und danach vielleicht sogar... Er erinnert sich an die beiden Flaschen Rotwein in ihrem Büro, auf einem Beistelltisch vorm Bücherregal.

Er macht kehrt und steht kurz darauf draußen vor dem Bauern, um die Fortsetzung der Tour zu verschieben. Heinrich Kuballa ist es recht, schließlich war seine 'Mittagspause' doch ein wenig länger als gedacht. Als LPG-Urgestein und dienstältester Mitarbeiter der 'Agrar GmbH Glankow' muss er sich kurz vor seiner wohlverdienten Rente keine Sorgen machen. Keiner der Kollegen würde es wagen, Anstoß zu nehmen an seinem Ausflug während der Arbeitszeit. Jeder weiß um Heinrichs kompromissloses Engagement für Pflanze, Tier und Mensch. Der hatte sich schon früher als parteiloser Sozialist in der DDR nie die Butter vom Brot nehmen lassen. Und auch heute muss sich der Hannoveraner Agrarindustrielle und neue Besitzer der GmbH warm anziehen, wenn Kuballa auf der Betriebs-versammlung seine Rede hält.

Andererseits würden ihm die Worte fehlen, wenn er seiner Frau erklären müsste, was er an dem fremden Kerl in roten Klamotten findet.

Er denkt allerdings auch nicht darüber nach, schmeißt seine Kiste mit den Riesenrädern wieder an und macht sich lärmend vom Acker. Zufrieden blickt Tenpa seinem neuen Freund nach, der bald hinter dem verfallenen LPG-Stall verschwunden ist, um sich nun zielstrebig auf Silke zuzubewegen, die ebenfalls ihren Beitrag zu seinem neuen Glück beisteuern soll.

»Zeigst du mir deine Kunst?«, fragt er forsch und lächelt.

Es entgeht ihm nicht, dass sie damit nicht gerechnet hat. Offenbar glaubt sie keinen Moment an ein Interesse seinerseits für Kunst. Sie mustert ihn. Vielleicht ist es Neugier, vielleicht will sie ihn erneut provozieren, auf jeden Fall, sie legt das Stemmeisen beiseite und zieht ihre Arbeitshandschuhe aus.

»Bitte sehr.«

Er folgt ihr durch das Scheunentor in das riesige Atelier und ist noch nicht einmal erstaunt über sich und die Entdeckung seines neuen Selbstbewusstseins.

Er lässt sich ihre großen Skulpturen aus Schrott und Holz zeigen. Sie kann alsbald feststellen, dass er in der Tat an Kunst interessiert ist. Sie muss keine blöden Fragen über das Warum hören, sondern er will wissen, wie sie das macht und was ihr dabei durch den Kopf geht.

Aufmerksam hört er zu. Es gefällt ihm, wie sie sich ausdrückt, ihre Arbeiten sprechen ihn an, er kommentiert sie fachmännisch und blickt sich gleichzeitig verstohlen um. Seine Aufmerksamkeit hat einen zweiten Fokus, hinter dem die tatsächliche

Motivation des Besuchs steht. Er sucht, was er vor der Treckertour in Verenas Wohnung nicht finden konnte. Während sich Silke gerade dicht vor ihm aufbaut.

»Bist du eigentlich im Kloster richtig glücklich, so mit ohne Sex?«

Ihre Frage kommt völlig unvermittelt. Wenige Sekunden hält er ihren Blick, dann wendet er sich ab und schreitet durch den Raum. Während er nach einer klugen Antwort sucht, bleibt er vor einer großen, scharfkantigen Schrottskulptur stehen. Sie folgt ihm langsam.

»Das habe ich letzte Woche angefangen. Es heißt 'Liebesbeziehung'. Undurchsichtig, verworren und doch zueinander passend. Wohl nix für Mönche.«

Er blickt von der Schrottskulptur auf und ihr direkt in die Augen, ist sich seiner Sache sicher. Zumindest will er den Anschein erwecken.

»Bist du eigentlich im Atelier richtig glücklich? Mit Sex?«

Jetzt muss Silke nachdenken. Ein direkter Zusammenhang zwischen Sex und künstlerischer Arbeit?

»Manchmal kann das eine das andere vielleicht beflügeln.«

»Also manchmal auch nicht. Oder?«

»Ja, klar, das ist doch normal. Aber nicht zu dürfen?«

Er lässt sich Zeit mit seiner Antwort, deren Logik mit seiner momentanen Gefühlslage überhaupt gar nichts zu tun hat.

»Nicht zu wollen, darin steckt Freiheit.«

Sie weiß nicht, ob sie das versteht. Oder verstehen will.

»Freiwillig und aus tiefstem Herzen zu verzichten, führt irgendwann dazu, dass man es nicht braucht. Und was du nicht brauchst, von dem bist du unabhängig.«

»Klingt gut. Aber was, wenn du doch mal schwach wirst? Schmeißen die dich dann raus?«

Er deutet auf die Weißweinflaschen neben ihrem Bett.

»Hast du auch Rotwein?«

Hat sie es doch gewusst. Von wegen braver Mönch.

»Reicht eine?«

»Fürs erste schon.«

Nachts im Wald mitten auf dem Weg zum Bahnhof. Der Mönch führt in seinen Gewändern einen wilden Tanz auf. Ausgelassen, gekonnt und hingebungsvoll besessen wie ein alter Rocker. Mit Rotweinflasche und Zigarette in den Händen tobt er um den auf dem Boden liegende walkman herum, aus dessen plärrendem Lautsprecher Patti Smith erklingt. Fassungslose Zuschauer gibt es nicht, nur einen Fuchs, der erschrocken davon rennt. Mit voller Kehle singt Tenpa mit. 'Because the night belongs to lovers, because the night belongs to us.'

Auch bei Katrin ist die Stimmung ausgelassen. Feuchtfröhlicher männerfreier Canasta-Abend in ihrem Haus. Eine Mucke von Grönemeyer wummert durchs Wohnzimmer. Jede Menge Alkohol steht auf einem rollbaren Beistelltisch. Likör, Schnaps, Wein. Alle haben sich sexy in Schale geschmissen. Tochter Melanie, Katrin, ihre Sandkastenfreundin Dorle sowie deren Schwieger-mutter. Drei Generationen, ein Spiel. Vier Frauen um den Kartentisch, zwei sitzen sich jeweils gegenüber und spielen zusammen, dürfen aber mit ihrer Partnerin nicht über die Karten in ihrer Hand reden. Achtsamkeit ist gefragt. Wer welche Karten sammelt.

Seit dem wunderbaren scheußlichen Tee heute Nachmittag in ihrem Büro kribbelt es in Katrins Bauch wie bei einer Zwanzigjährigen. Glücksgefühle, für die es keine vernünftige Erklärung gibt. Ihre gute Laune ist unerträglich und die Mühe groß, sich überhaupt auf das Spiel zu konzentrieren. Sie könnte heute Abend die große Verliererin werden. Und wenn schon.

Dorle, die Katrin seit über vierzig Jahren kennt, hat mehr als einen Verdacht und bringt die Sache gegenüber ihrer momentanen Spielpartnerin beiläufig auf den Punkt.

»Du denkst übers Zölibat nach!«

»Quatsch, mich interessiert nur der Pott.«

»Was macht eigentlich dein Werner?«

»Ist mir egal.«

Katrin grinst Dorle vergnügt an, steht auf, dreht die Musikanlage lauter und singt mit Grönemeyer mit. 'Trockne die Tränen, zieh deine Kreise, tanz deinen Traum auf dünnem Eis...'

In wechselnden Kombinationen sitzen die Frauen am Tisch. Jede hat glückliche Momente und Momente der Enttäuschung. Lachen und Freude, Ärger und Frust liegen eng beisammen. Der Alkohol fließt in Strömen, die Frauen werden immer ausgelassener, tanzen zwischendrin zusammen, wenn sie gewonnen haben. Katrin feiert zufrieden die Rückkehr des schönen neuen alten Gefühls, von dem sie glaubte, es sei für immer verloren gegangen.

Die leere Weinflasche in der Hand taucht er schwankend auf dem schwach erleuchteten Vorplatz des Schlosses auf. Rennt albern kichernd auf Verenas Minicooper zu und tanzt mehrmals um das kleine Auto herum. Bis er nicht mehr kann und sich auf Zehenspitzen im 'Clown-Stil' über das holprige Pflaster Richtung Schlosseingang schleicht. Schritt für Schritt, mit eingeknicktem Rücken und aufwärts gerichtetem, fratzenverzerrtem Blick.

Lachend plumpst er aufs Bett. Wann hat er sich das letzte Mal so leicht gefühlt? Der Buddha im Regal scheint wohlwollend zu grinsen. Tenpa lässt sich mit einem seligen Lächeln auf den Rücken fallen.

Sekunden später schon muss er sich aber wieder aufrichten. Ganz plötzlich ist ihm hundeelend. Alles dreht sich.

Eine Kieler Erinnerung taucht aus dem Nebel auf. Das Ende von Studentenpartys. Wenn die ersten anfingen zu tanzen und zu knutschen, trollte er sich in eine Sofaecke und gab sich die Kante. Mit Bier. Manchmal schaffte er die Busfahrt nicht mehr, quälte sich unterwegs raus, übergab sich im nächsten Gebüsch. Blöd, wenn es der letzte Bus war und es keine andere Möglichkeit gab, als zu Fuß bis zu seiner beschissenen Studentenbude zu laufen.
Übelkeit steigt auf, ergreift von ihm Besitz. Immerhin, er ist schon zuhause. Er quält sich hoch, schleppt sich zur Spüle, trinkt gierig Wasser aus dem Hahn. Hilft auch nicht viel. Dem ehemals nicht ungeübten Trinker kommt jedoch schnell die rettende Idee. Er holt eine Plastikschüssel aus dem Bad, füllt sie mit Wasser und stellt die Schüssel direkt neben das Bett. Nun legt er sich vorsichtig hin und steckt einen Fuß in das kalte Wasser.
Ohne Hindernisse kann er einschlafen.

FÜNF

Die Morgensonne brennt ihm ins Gesicht. Schweißnass schnellt er von seiner Matratze hoch und starrt auf den Wecker, der bei acht Uhr stehengeblieben ist. Er hatte ihn abends nicht gestellt! Seit Jahren ist er nicht mehr so spät wach geworden.

Tenpa windet sich hoch. Schädel brummt fürchterlich. Dennoch: drei Niederwerfungen Richtung Buddha müssen sein und sind rasch absolviert. Er entledigt sich seiner Roben, tritt an die Spüle, um sich wie gewohnt zu waschen - und hält inne. Es gibt noch eine andere Möglichkeit. Freude kommt auf über seine gute Idee und zielsicher begibt er sich in das weiß gekachelte kleine Bad, stellt sich unter die Dusche, die Hand greift zum Wasserhahn, ein Gedanke taucht auf, ein Gedanke ans Kloster - dort hat er gelernt, mit der Quelle allen Lebens grundsätzlich immer sparsam umzugehen. Er zögert einige Sekunden...

Die Entscheidung fällt und er dreht den Hahn nach links. Der Wasserstrahl schießt auf seine Haut. Es ist unerträglich kalt, er reißt den Hahn nach rechts, es wird furchtbar heiß. Er richtet den Strahl des Duschkopfes auf die Wand. Viel zu viel Wasser strömt nutzlos in den Abfluss. Viel zu viel Zeit braucht er, um den Mechanismus der Mischbatterie zu ergründen und die ihm genehme Wassertemperatur zu finden. Seine Geduld zahlt sich aus. Nach einer Weile stimmt die Temperatur. Nicht zu kalt und nicht zu warm. Lange, sehr lange steht er unter dem kräftig prasselnden Wasserstrahl. Herabstürzende Wassertropfen als winzige Massagenadeln. Was für ein Genuss! Wann hat er das letzte Mal so ausgiebig geduscht? Er weiß es nicht mehr und es spielt auch keine Rolle. Wie wunderbar, das Wasser auf der nackten Haut zu spüren. Sein Kater scheint wie weggeblasen.

Das Sortiment an Seifen, Shampoos und Duschgels an der Wand überfordert ihn. An jedem einzelnen riecht er. Zu intensiv. Irgendwie künstlich. Das einzig Überzeugende liegt verloren am Rande des Duschbodens in der Ecke. Ein kleines Stückchen Kernseife. Damit wäscht er sich.

Im Glas eine Aspirin Plus, die sich sprudelnd im Wasser auflöst, nebendran die Tasse Kaffee. Verkatert aber gut gelaunt sitzt Katrin im Morgenmantel am Frühstückstisch. Wie jeden Morgen überfliegt sie mechanisch in ihrem Laptop Stellenangebote, in der naiven Hoffnung, dass irgendwann irgendeiner jemanden wie sie braucht. Melanie schlurft schlaftrunken in die Küche, um sich einen Kaffee zu holen. Schnell klappt Katrin den Laptop zu, kippt das Glas Wasser hinunter. Melanie hat's aber gesehen.

»Mama! Du hast nie als Designerin gearbeitet. Wieso sollte die Schuhbranche auf eine in deinem Alter warten?«

»Vielleicht... weil einer sozialistische Retro-Schuhe herstellen will. Oder weil...«

»Weil er verrückt ist?«

»Ja... warum nicht!«

»Du weißt genau, wer hier verrückt ist.«

Mit diesem Satz nimmt die Tochter ihren Kaffee und verlässt die Küche der traurigen Illusion. Katrin will ihr böse hinterherrufen, dass nicht sie verrückt ist, sondern die kapitalistische Welt, in der sie leben. Doch sie lässt es. Amüsiert sich schließlich. Ihre Tochter kann verdammt frech sein. Das muss sie von ihrer Mutter haben. Überhaupt, stolz kann sie sein. Weil Melanie den Mut fand, Literaturwissenschaftlerin werden zu wollen.

Solch ein Mut wäre für Katrin damals undenkbar gewesen. Dabei hatte Schwester Helene ihr immer wieder zugeredet. Weil sie einfach gut war im Schuhe Zeichnen und der Zusatzverdienst nicht schlecht. Aber sie konnte sich beim besten Willen nicht vorstellen, als Zeichnerin einen wesentlichen Beitrag zum notwendigen Familieneinkommen beizutragen. Außerdem, nach abgeschlossenem Studium erneut die Schulbank zu drücken, womöglich noch gegen Gebühren an einer der privaten Kunstschulen in Westberlin, das kam für die junge Mutter nicht in Frage. Sie wollte in der Heimat bleiben. In Mecklenburg. Bei Kind und Mann. Das Familienleben war schön. Damals. Lange ist das her. Leider.

Zwanzig Jahre Ehe. Werner ist Installateur und seit einigen Monaten im festen Arbeitsverhältnis bei einer großen Heizungsbaufirma in Hamburg, wo er seitdem bei einem Arbeitskollegen zur Untermiete wohnt. Die unausge-sprochene Übereinkunft, einander so weit wie möglich aus dem Wege zu gehen, scheint eines der wenigen Dinge zu sein, in denen Katrin und Werner sich einig sind.

Sie erinnert sich an die letzte ebenso heftige wie fruchtlose Auseinandersetzung. Er war der Geburtstags-einladung eines Freundes aus Wismar gefolgt und in Erwartung zahlreicher Biere und Schnäpse klug genug gewesen, mit Katrin im Vorfeld zu vereinbaren, auf dem Sofa im Wohnzimmer der ehemals oder immer noch gemeinsamen Wohnung zu nächtigen. So konnte er für den Weg von Wismar nach Grevesmühlen den Hamburger Firmenwagen stehen lassen und sich ein Taxi nehmen. Am nächsten Morgen wollte er nicht mit dem Zug nach Wismar fahren. Sondern mit ihr zusammen im alten Peugeot, das war seine Idee. Wütende Tränen schossen ihr ins Gesicht. Offenbar war sie ihm völlig gleichgültig geworden! Er wollte sie zwingen, den

PKW allein zurückzufahren? Er wusste doch ganz genau, dass sie sich seit dem Unfalltod ihrer Schwester grundsätzlich nie mehr ans Steuer eines Autos setzte! Er wusste es und vergaß es immer wieder, weil er nur an sich dachte. Oder er wusste es und es war ihm egal, dass sie eine Heidenangst hatte.

Im Übrigen hat er nicht die leiseste Ahnung, dass seit Jahren Schuldgefühle in ihr bohren. Wegen Helene. Niemals wird sie diese Schuld offenbaren. Niemandem! Und schon gar nicht Werner.

Sie schaut auf die Uhr. Es ist Zeit. Zum ersten Mal freut sie sich auf ihren Arbeitsplatz im Schloss. Sie geht ins Schlafzimmer um sich anzukleiden.

Ihre Kleider von gestern hängen über einem alten grünen Polstersessel. Kaum will sie sie nehmen um sich anzuziehen fällt es ihr ein. Sie öffnet die Türen des Kleiderschranks, die von innen verspiegelt sind, zieht ihren Morgenrock aus und betrachtet prüfend ihre Figur im Spiegel. Für ihre achtundvierzig Jahre könnte sie verdammt zufrieden sein. Wer nicht gerade auf Magersüchtige steht, müsste an ihr Gefallen finden. Sie hat eigentlich nichts zu verbergen. Oder? Der Hautfleck am Hals, der wird auch immer dunkler und größer, naja ihre Pfunde waren auch schon mal besser verteilt. Verunsichert befühlt sie ihren Bauch, blickt sich im Spiegel direkt in die Augen.

Als sie das Haus verlässt, leuchtet unter ihrer offenen Windjacke ein roter Pullover. Die Jeans sind schwarz, ebenso wie die Turnschuhe. In der enganliegenden Kleidung steigt sie aufs Fahrrad und radelt davon.

Neben einem plätschernden Bachlauf spaziert Tenpa über einen von Büschen gesäumten Feldweg, die Sonne genießend. Den tibetischen Sprechgesang seiner monastischen Gemeinschaft laut im Ohr murmelt er leise und hingebungsvoll die Mantren mit und dreht dabei die Perlen seiner Gebetskette. Bereits unter der Dusche war ihm ein Gedanke gekommen, der seinen Glücksgefühlen neue Nahrung gab: nämlich vor seinem Besuch bei Martina zwecks Zähmung der Schmetterlingsgefühle und zur Förderung der Achtsamkeit die Gebetspraxis nicht im Zimmer vor der Buddhastatue auszuüben, sondern in der Natur, auf dem Weg zum Bahnhof.

Obwohl man sie nicht sehen konnte, weil sie im Einschnitt verlief, übertönte der Lärm der unweit vorbeiführenden Ostseeautobahn jedes Geräusch in dem kleinen mecklenburgischen Dorf. Dabei nutzten gerade mal wieder nur wenige Fahrzeuge die vierspurige Betonpiste.
Bei seinem Umweg durch Glankow beobachtete er sehr genau. Offenherzig schaute er sich alles und jeden an, während ihm die wenigen Einheimischen, die sich zeigten, keinerlei Aufmerksamkeit

schenkten. Zumindest taten sie so. Vor einer heruntergekommenen Halle für landwirtschaftliche Geräte reparierte gerade ein Arbeiter einen Mähdrescher; ein älterer, unrasierter Mann lehnte aus dem Fenster einer alten Mietskaserne und starrte vor sich hin, ohne von den Enten Notiz zu nehmen, die vor dem Haus auf der Wiese herumwatschelten, während im Wildblumengarten eines schlicht renovierten Backstein-hauses ein Kind mit einer Katze spielte; neben alten Wohnhäusern im DDR-Rauputz-Stil lag ein neu gebautes, umzäuntes, unbewohnt wirkendes Einfamilienhaus mit deutlich sichtbarer Videoüberwachungsanlage. Erst hier am Ende des Ortes, wo die schmale Straße in einen unbefestigten Feldweg überging, sprach Tenpa das Motivationsgebet, setzte seine Kopfhörer auf, schaltete den Walkman ein und begann die Rezitation, die er mit all seiner Kraft und Liebe auf Martina ausrichtete.

Als er Katrin bemerkt, die auf der anderen Seite der Bahnlinie über den Feldweg auf ihn zu radelt, jubiliert es in ihm. Rasch stopft er seine Mala weg, setzt die Kopfhörer ab, überquert das Bahngleis exakt an der Stelle, an der ein Schild das Verbot des Überschreitens mit einem Piktogramm anmahnt und geht auf sie zu. Sie steigt vom Fahrrad und schiebt, bis sie vor ihm steht.

Da freuen sich zwei - der Mönch und die Schuh-designerin.

Vorsichtige Begrüßung. Ohne Berührung. Hände sind in Jackentaschen und Robe verschwunden.

»Hallo.«

»Hallo.«

Ihr Lächeln bezaubert ihn. Sein Herz schlägt bis zum Hals. Er muss jetzt irgendwas Originelles sagen, um seinen Charme unter Beweis zu stellen. Oder er macht ihr ein Kompliment. Aber welches? Wertvolle stumme Sekunden sind bereits verstrichen.

»Keinen Platten heute?«, kommt ihm über die Lippen.

»Noch nicht. Heizung geht auch. Soweit ich informiert bin.«

»Wer weiß, wie lange noch.«

Beide lachen. Sie nimmt ihr Fahrrad auf die Schulter und überquert das Gleis. Er folgt. Gab sie den Impuls oder er, von ihrem oder seinem Ziel abzuweichen? Auf jeden Fall biegen sie in trauter Eintracht in den Feldweg ein, der dem Bachlauf folgt.

Wortlos spazieren sie nebeneinander, sie in der Mitte zwischen ihrem Fahrrad und ihm. Schweigend lauscht er dem plätschernden Bach, darauf achtend, keinen Schatten auf ihren Körper zu werfen.

Stundenlang könnte er so weiter gehen und die Anwesenheit dieser Frau genießen, die mit jedem Schritt eine stärkere Anziehung auf ihn ausübt. Es ist unmöglich, das hormonelle Feuer zu leugnen, das in seinem Körper unaufhaltsam auflodert.

Was für ein Gefühl.

Leider will sie reden. Freiwillig neben einem Geistlichen herzugehen war ihr als realsozialistisch erzogene Tochter nie in den Sinn gekommen. Seit gestern Mittag liegen die Dinge anders. Ihre Frage ist Flirt und fühlt sich an, wie sie gemeint ist. Provokant.

»Du glaubst doch an Buddha, nicht wahr?«

Trotz des elektrisierenden Gefühls in seinem Bauch, den feinen Duft ihrer Haut genießend, trotz des neugierigen Tonfalls in ihrer Stimme, er riecht auch den Geschmack von Kritik, hinter Liebenswürdigkeit versteckt. Oder war es gar Spott? Wie auch immer, er antwortet nicht.

'Du glaubst doch an Buddha'. Wie komisch das klingt. Als wenn Prinz Siddharta Gautama der Gott der Buddhisten wäre. Als wenn es etwas außerhalb von Tenpa und damit getrennt von ihm gäbe, an das er blind glauben könnte. Soll er ihr jetzt etwa von den Grundpfeilern buddhistischer Sichtweise erzählen, von der Vergänglichkeit aller Dinge und Ereignisse, davon dass alle Gefühle zu Schmerz führen, dass nichts eine unabhängige Existenz hat... Bloß nicht. Halt schön deine Klappe, Tenpa. Markier jetzt nicht den Schlaumeier.

Freundlich schaut er ihr in die Augen. Wie schön sie sind. Schöner als alle klugen Argumente, klar und leuchtend. Sie setzt nach.

»Naja, es gibt doch Leute, die glauben an Gott.«

»Ja. So wie du zum Beispiel.«

Ein freches Grinsen kann er sich nicht verkneifen, ist er sich doch bereits jetzt, wo er sie noch gar nicht kennt, absolut sicher, dass sie nicht zu denen gehört, die gottesgläubig sind. Sie reagiert, wie erwartet.

»Ich doch nicht.«.

»Eben. Ich auch nicht.«

»Klar glaubst du nicht an Gott, aber...«

»Aber?«

»Ich bin Atheist.«

»Ich auch.«

»Du? Du betest doch Buddha an.«

»Ich bete niemanden an. Buddha war ein Mensch wie du und ich und hat niemals Göttlichkeit für sich beansprucht.«

»Und was hast du vorhin gemacht, mit deiner Kette?«

»Mantren rezitiert.«

»Mantren...«

»Ja, heilige Silben, die mich vor meiner Negativität schützen.«

»Also hast du gebetet.«

Tenpa überlegt gut, was er jetzt sagt, bestrebt, seiner Stimme einen beiläufigen Tonfall zu geben:

»Ja und nein. Nein, weil ich mir eine höhere, göttliche Instanz, die die Welt erschaffen hat und aufrechterhält, also einen persönlichen Gott irgendwo da oben nicht plausibel erklären kann. Ja, weil ich Vertrauen habe in mein gutes Herz, diese grundlegende Gutheit, die der Buddha als erster erkannt hat und die in jedem von uns steckt. Also auch in mir.«

Hört sie ihm zu? Er macht eine Pause, schaut in ihre Augen, die ihn erwartungsvoll anblicken. Ohne zum Widerspruch aufzubrechen.

Der Feldweg führt vom Bachlauf weg und hinein in den lichten Wald - es ist der Weg, den er gestern auf dem LPG-Trecker genommen hatte. Die Reifenspuren, die sich tief in den weichen Waldboden gegraben haben und noch frisch wirken, erschweren den Gang.

»Mach ruhig weiter.«

Ihre Aufforderung gibt ihm Mut und er setzt seine Erklärung tapfer fort:

»Diese grundlegende Gutheit in uns freizulegen, darum geht's. Willst du glücklich sein in diesem Leben, gibt es nichts Praktischeres als 'Erleuchtung'. So nennen wir die Art innerer Zufriedenheit, bei der wir unabhängig sind von Gefühlszuständen oder äußeren Bedingungen. Um uns von unseren ganzen negativen Emotionen unabhängig zu machen, arbeiten wir mit unserem Geist. Also mit dem in uns, das denkt und fühlt. Unser eigener Geist ist die Quelle von allem. Er verursacht unser Glück und auch unsere Ängste und Sorgen. Den Geist zu untersuchen, zu verstehen und zu verändern, zu transformieren, zu befreien, das ist das ganze

Geheimnis. Unser eigenes Leid und das der anderen beenden. Wenn wir mit unserem Geist arbeiten, arbeiten wir an unserer Wahrnehmung, also an der Art und Weise, wie wir die Dinge sehen.«

Sie bleibt stehen. Ihr herausfordernder Blick verunsichert ihn. Hat er nun doch einen Knopf bei ihr gedrückt?

»Ich krieg doch keine bessere Arbeit, nur weil ich 'die Dinge' anders sehe. Warum soll ich verändern, was in meinem Kopf abgeht? Es geht doch darum, die Gesellschaft zu verändern, also für mehr Gerechtigkeit einzutreten, Armut abzuschaffen, für Arbeitsplätze zu sorgen. Was tut ihr Buddhisten denn gegen Armut und Unterdrückung?«

Herausfordernd blickt sie ihn an. Sie meint es ernst.

Er rauft sich die nicht vorhandenen Haare. Die Frau macht es ihm nicht leicht. Natürlich will er davon erzählen, was er gelernt hat. Jetzt, wo sie es wissen will, hält er es sogar für seine Pflicht, weil er von der fernöstlichen Weisheitslehre überzeugt ist, überzeugt davon, dass sie einen Beitrag leisten kann, das Elend in der Welt zu lindern. Er bemüht sich, seine Gedanken zu ordnen, überlegt, wie er sich ihr erklären kann.

Weil nicht sofort eine Reaktion von ihm kommt, geht sie einfach weiter. Mächtig fühlt er sich unter Druck, beeilt sich ihr zu folgen über den schweren Lehmboden. Die Antwort des Buddhismus auf Armut oder Umwelt-zerstörung, das ist für ihn glasklar, gründet auf die Idee, dass jeder das Potential für grenzenloses Mitgefühl in sich trägt, das es gilt freizulegen. Sätze aus den Lehren purzeln nur so durch seinen Kopf: Je mehr du die Belange der anderen in den Vordergrund stellst, umso weniger wirst du die Umwelt zerstören, je mehr du 'zuhause' Mitgefühl entwickelst, je weniger schadest du 'draußen', lokal handeln und global denken, transformiere deinen Geist, handele altruistisch und du veränderst die Welt.

Ganz einfach eigentlich. Theoretisch.

Andererseits ist er auch nicht so naiv anzunehmen, es reiche aus, auf Fremdenfeindlichkeit und islamistischen Terror mit Gebeten zu reagieren. Da ist auch Unsicherheit in ihm, zweifelnde Fragen, die er sich bisher noch nicht beantworten konnte. Seine Zweifel will er jedoch auf keinen Fall preisgeben. Er will ihr gegenüber keine Schwäche zeigen, das ist er dem Buddha und seiner Lehre schuldig. So viel steht fest.

Erfahrung im Austausch mit Andersdenkenden hat er bisher nicht sammeln können. Wieso muss um alles in der Welt sein erster 'weltlicher' Diskussions-partner seit sieben Jahren ausgerechnet eine betörend faszinierende Frau sein. Die fordert ihn doch schon, wenn sie nur schweigend neben ihm her geht. Dennoch, er will die Herausforderung annehmen und legt los:

»Ich versteh genau, was du meinst. Wirklich. Es heißt in den Lehren, der Geist ist der Schöpfer deines Glücks und deines Unglücks. DU bist also die Chefin deiner Gedanken und Gefühle. Eigentlich. Aber: wir lassen uns von ihnen bestimmen, beherrschen, überwältigen, wir glauben, ihnen ohnmächtig ausgeliefert zu sein, unserer Gier, unserer Wut, unserer Freude. Wenn wir uns jedoch dieser Emotionen bewusst werden und die Verantwortung für sie übernehmen, statt die Ursachen da draußen zu suchen und den anderen die Schuld zu geben, können wir...«

»Bin ich etwa schuld, dass ich noch nie Arbeit gefunden habe in meinem erlernten Beruf?«

Ein einzelner unsichtbarer Specht, der heftig für seine Behausung hämmert, in weiter Ferne das diffuse Rauschen der Ostseeautobahn, vereinzelt das Summen von Insekten. Behutsam redet er weiter.

»Schuld? Nein, du bist nicht schuldig, im Sinne eines quälenden Gefühls von schlecht, böse, unfähig, hinter dem ein erhobener Zeigefinger steht. Aber wie du mit deiner Situation umgehst, das liegt ganz bei dir. Ob du dich mutig der Tatsache stellst, um Ursachen zu erkennen und daraus folgend eine Lösung aus deinem Dilemma zu finden, oder ob du dich deprimierenden Gefühlen hingibst und anfängst zu trinken und böse wirst auf die schuldige Welt...«

»Wäre das nicht ganz menschlich?«

»...das entscheidest du ganz allein. Sieh mal, wenn

du verzweifelt oder verletzt bist, weil du zum Beispiel keine Arbeit kriegst, dann bist du zu neunzig Prozent nur diese Verzweiflung, dieses Verletzt Sein. Und gar nicht mehr du selbst. So lähmst du dich, durch deine eigenen Gedanken, und die Situation könnte immer schlimmer werden.«

Sie bleibt stumm. In der Annahme, seine Erklärungen stießen auf fruchtbaren Boden, fährt er fort.

»Was wir tun, hat immer Ursachen, immer Konsequenzen. Denn alles hängt wechselseitig voneinander ab und entsteht aus Ursachen und Bedingungen. Das ist wie ein Prinzip oder Gesetz, verstehst Du? Ursache und Wirkung. Wir sind selbst verantwortlich. Was ich früher gemacht habe, bestimmt meine Gegenwart, was ich jetzt mache, beeinflusst meine Zukunft. Also habe ich am besten für alle Mitgefühl und versuche immer zu helfen. Und genau dann geht es mir selbst auch am besten.«

»'Alle' und 'immer' klingt irgendwie... naiv.«

»Mag sein. Was ist schlecht an naiv?«

Sie antwortet nicht. Eine Weile gehen die beiden schweigend nebeneinander her.

Er darf nicht weiter auf sie einreden, er muss sie kommen lassen, soviel hat er kapiert. Es dauert nicht lange, bis sie die richtige Frage gefunden hat.

»Du hast Mitgefühl für Kriminelle?«

»Auch«, antwortet er vorsichtig, in sorgenvoller Vorahnung.

»Wenn also zum Beispiel ein Jugendlicher einen

109

afrikanischen Flüchtling brutal zusammenschlägt, einfach so, dann hast du Mitgefühl für den Schläger?«

»Nur für das Opfer mitzufühlen ist einfach.«

In Katrin steigt Groll auf.

»Für dich hat also der Flüchtling selbst Schuld?«

»Wo denkst du hin?! Nein, natürlich nicht. Aber es geht dabei nicht um Schuld, es geht darum...«

»Wieso soll es nicht um Schuld gehen?«

Ganz offensichtlich ist das ihr Thema. Doch er merkt es nicht. Statt auf sie einzugehen, fängt er an zu predigen.

»Bei der Begegnung zwischen Jugendlichem und Flüchtling leiden beide, der Geschädigte und der, der niederträchtig gehandelt hat. Der Flüchtling leidet unmittelbar und hat mein volles Mitgefühl. Der Jugendliche mag kurzfristig eine dumpfe Befriedigung empfinden, wird mittelbar aber - obwohl er es nicht weiß - auch leiden, weil seine negative Tat früher oder später Konsequenzen für ihn haben wird. Genau das ist ihm nicht klar. Weil er das Prinzip von Ursache und Wirkung nicht kennt. Er hat also auf jeden Fall auch mein Mitgefühl, denn er hat äußerst negatives Karma auf sich geladen. Nicht nur, weil er einem anderen schweres Leid zugefügt hat, sondern weil seine Motivation von Hass bestimmt ist. Mitgefühl haben heißt aber nun ganz und gar nicht, übles Verhalten zu rechtfertigen. Im Gegenteil. Wäre ich in der Situation dabei, würde ich natürlich eingreifen, um...«

»Wie, ich denk, ihr seid Pazifisten.«

»Pazifismus ist eine Ideologie. Klar, unser mitfühlendes Handeln soll von Gewaltlosigkeit bestimmt sein, aber...«

»Also schaust du doch nur zu, wie der Afrikaner zusammengeschlagen wird!«

»Nein, ich... ich wollte nur erklären, dass Mitgefühl...«

»Was?«

Tenpa sieht sich als Boxer im Ring, der gerade einen herben Schlag einstecken musste, zu Boden geht und vom Ringrichter ausgezählt wird. Bevor er wieder auf die Beine kommt, legt sie nach.

»Glaubt ihr wirklich, durch Meditieren im stillen Kämmerlein die Welt zu verändern? Ihr müsst doch auch einsehen, dass immer noch das Sein das Bewusstsein bestimmt.«

So vieles könnte er antworten. Natürlich ist er davon überzeugt, dass zumindest bei denjenigen, die keinen Hunger leiden, das 'Bewusstsein' das 'Sein' bestimmt und nicht andersherum. Denn nur aus einem veränderten Geist folgt eine veränderte, positive Haltung, die das Wohl des anderen in den Mittelpunkt stellt. Oder er könnte von seiner festen Überzeugung sprechen bezüglich der Wirkung aufrichtig gesprochener Gebete. Als wenn sie seine Gedankengänge ahnen würde, kommt sie ihm zuvor. Ihre Stimme ist leise, aber hart und bestimmt, auf

Distanz gehend. Keinen Widerspruch duldend. Während sie langsam den Reißverschluss ihrer Sportjacke hochzieht.

»Lass es lieber.«

Der traurige, enttäuschte Unterton dieser drei Worte entgeht ihm, wie ihm überhaupt in den letzten Minuten der Sinn für Achtsamkeit und Gewahrsein abhanden gekommen ist, überrollt von dem Gefühl der Niederlage. Intellektuell wie emotional.

Stumm stapfen die beiden weiter.

Durch die tiefen lehmigen Furchen wird das Gehen beschwerlicher und es bereitet ihr zunehmend Mühe, das Fahrrad zu schieben. Er möchte ihr helfen und das Rad übernehmen, doch sie lässt es nicht zu.

Weiter kämpfen sich die beiden über den kurvigen Waldweg. Ihr gemeinsamer Gang fühlt sich sinnlos bemüht an. Als er eine kleine Narbe an ihrem Hals entdeckt, sieht er die Gelegenheit, das Thema zu wechseln. Das erscheint ihm als die einzige Möglichkeit, die verfahrene Situation zu retten.

Seine Stimme ist freundlich und er meint es tatsächlich liebevoll.

»Hattest du mal einen Unfall?«

Die Frage war falsch. Die Falscheste von allen, die er hätte stellen können. Katrin bleibt abrupt stehen, ihre Augen blitzen ihn an.

»Ich denke nicht, dass dich das was angeht.«

Packt ihr Rad auf die Schulter, wendet sich ab und

stapft durch die lehmigen Furchen zurück Richtung Schloss. Wie ein begossener Pudel starrt er ihr hinterher. Er hat es vermasselt. Gründlich. Frustriert hebt er eine verrostete Dose auf und wirft sie im hohen Bogen in den Bach.

Das Wasser des Bachs fließt unbeirrt weiter.

Traurig und enttäuscht sitzt er am Wegesrand und wühlt mit beiden Händen im Waldboden. Statt sich auf den Weg ins Krankenhaus zu machen. Warum musste er auch auf diese Narbe anspielen.

Der Specht hämmert wie besessen auf Holz.

Er hatte sich einfach gefreut sie wiederzusehen und wollte nichts anderes als ihre Anwesenheit genießen, vielleicht sie etwas kennenlernen, ihr ein wenig näher kommen - er weiß gar nicht wie das geht, mit einer Frau zu sein, die einem gefällt. Woher soll er das auch wissen.

Sie hat angefangen. Sie hat ihn gefragt. Sie ließ nicht locker. Sie brachte ihn dazu, Erklärungen abzugeben. Und jetzt ist sie einfach weg. Weggegangen.

Schaler Geschmack im Mund, Anspannung im Bauch, gesenkter Blick. Eine innere Stimme macht sich in seinem Hirn breit, eine Stimme, die auf ihn einquatscht, die ihn eindringlich und unmissverständlich darüber aufklärt, dass er gerade mal wieder bei einer Frau gescheitert ist. Tief in sinnlose Gedanken verstrickt, merkt er nicht, wie die Kälte des Waldbodens in ihm hochkriecht.

113

Dabei weiß er, dass er selbst es ist, der entscheidet, ob er gescheitert ist oder nicht. Will er wie damals die Flinte ins Korn werfen? Nein. Ein spiritueller Krieger gibt nie auf. Auch nicht im gewöhnlichen Leben. Folgerichtig versucht er, die Dinge zu betrachten wie sie sind: er hat ihr weh getan, eine unangenehme Erinnerung in ihr geweckt. Das tut ihm leid. Das wollte er nicht. Außerdem will er doch ein guter Dharma-Praktizierender sein und das setzt zunächst einmal voraus, den anderen nicht bekehren zu wollen. Stattdessen: Versetz dich in Katrin hinein und zeige Mitgefühl. Zeig ihr, wie leid es Dir tut, eine unangenehme Erinnerung in ihr geweckt und sie dadurch verletzt zu haben.

Ein Buddhist suhlt sich nicht in leidvollen Gedanken. Sondern er handelt.

Genau, er wird ihr eine Freude machen. Blumen. Fröhliche, farbenfrohe Blumen. Er wird zu ihr gehen und ihr welche schenken. Er wird sich erklären, dass er nicht neugierig sein wollte.

Blumen im März, mitten im Mecklenburgischen Wald? Wieso nicht? Positiv zu Denken hat er gelernt. Irgendeine Pflanze wird er finden, die der sich anbahnende Frühling bereits wachgeküsst hat. Er zweifelt nicht, dass sie sich darüber freuen wird. Wenn eine Begegnung ungünstig endet, muss es bei der Nächsten nicht zwangsläufig ebenso sein. Er rappelt sich auf, klopft Lehm von seinen Roben, schaut sich um. Aufmerksam und ruhig gleitet sein Blick durch die Natur. Bäume mit Zweigen ohne Blätter, verdorrte Gräser, der Boden bedeckt mit den braunen Blättern des letzten Jahres. Nichts. Weit und breit kein Grün. Geschweige denn Blumen. Durch die Unebenheiten des Waldbodens kämpft er sich über knackendes Totholz vor bis zum Bahndamm. Weiter hinten fließt der Bach künstlich begradigt durch eine ausgedehnte Wiese. Am Ende erkennt er eine kleine Brücke, die den Bach überwindet. Täuscht er sich oder schimmern die dort wachsenden Büsche leicht im Winterlicht? Ohne genau sehen zu können, was ihn da hinten erwartet, marschiert er durch die matschige, feuchte Wiese. Der Weg ist weit und mühsam.

Schließlich steht er vor der alten Betonbrücke, deren scharfkantig-klobiges Eisengeländer durchgerostet ist und nicht zum Festhalten einlädt. Dahinter die Weidenbüsche, deren silbrig graue Kätzchen ihn fröhlich anlachen. Schnell hat er ein paar Zweige abgeknickt und macht sich auf den Weg zurück zum Schloss.

Unterwegs fallen ihm zwei Landarbeiter auf. Sie sind mit ihrem Minitrecker in einem sumpfigen Wiesenloch stecken geblieben und mühen sich verzweifelt ab. Der eine ist dünn und sorgt dafür, dass die Räder durchdrehen und sich tiefer und tiefer in die weiche Erde bohren, der andere ist dick, steht stumm daneben und rauft sich die Haare. Tenpa schmunzelt. Unwillkürlich muss er an Stan und Olli denken, über deren Performance er früher immer wieder herzerfrischend lachen konnte. Unschwer ist der Morast in der Senke zu erkennen. Dafür muss man kein erfahrener Bauer sein. Die zwei sind offenbar nicht die hellsten Köpfe. Bevor er jedoch in überhebliches Mitleid verfällt, überlegt er lieber, wie er ihnen helfen kann. Sorgsam schaut sich der ehemalige Geländefahrer um. Da liegt ein verrostetes, längliches Stück Blech im Graben. Er legt die Weidenzweige ab, hebt das Blech auf, schreitet auf die Landarbeiter zu und hält es ihnen kommentarlos hin. Die beiden haben ihn gar nicht kommen sehen, so sehr waren sie mit ihrem Problem beschäftigt. Nun starren sie ihn an, ohne von dem rettenden Gegenstand in seiner Hand Notiz zu nehmen. Tenpa legt das Blech kurzer Hand hinter einen der Treckerreifen, wünscht viel Glück und geht weiter. Sprachlos glotzen die beiden dem Mann in roten Gewändern hinterher. Sie blicken sich an. Es dauert eine Weile, bis der Dicke den Motor des Treckers erneut startet. Mühelos gelangen sie aus dem Schlamm.

Nicht im Traum hätte er sich vorgestellt, dass seine nächste Begegnung mit Katrin dermaßen kurz wird. Nachdem er in Verenas Apartment seine Gewänder geordnet und die Weidenzweige sorgfältig auf gleiche Höhe geschnitten hat, überprüft er im Spiegel sein Äußeres. Zufrieden streicht er um seinen Hals. Eigentlich gibt er eine akzeptable Erscheinung ab. Um diese Erkenntnis reicher verlässt er die Wohnung und öffnet ohne anzuklopfen schwungvoll die Tür zu ihrem Büro. Mit den Zweigen am ausgestreckten Arm steht er mitten im Raum. Selbstbewusst lächelnd. Sie sitzt hinter dem Schreibtisch, die aufgeschlagene Lokalzeitung vor sich. Ihr erschrockener Blick entgeht ihm. Bevor er auch nur ein Wort sagen kann, macht sie ihm unmissverständlich klar, dass sie jetzt keine Zeit hat für ihn. Sie will auch auf keinen Fall Zweige an ihrem Arbeitsplatz herumstehen haben und überhaupt, es geht jetzt einfach ganz und gar nicht.

Sie gibt ihm keine Chance. Gar keine. Kein Wort der Erklärung, warum sie ihn so abweist, wo er sich solche Mühe gemacht hat mit den Zweigen. Von der unerwartet schroffen Ablehnung überrumpelt zieht er sich ohne Umschweife zurück. Wortlos wie ein Mecklenburger Bauer verlässt Tenpa Katrins Büro Ohne seine Enttäuschung preiszugeben. Er hat nicht die geringste Ahnung und kann es auch nicht wissen, warum sie ihm keine Chance gegeben hat.

Enttäuschung, Verzweiflung, Frust.

Wie soll er mit solchen Gefühlen umgehen, sie sind ihm abhanden gekommen, im Laufe der Jahre im

Kloster, da hat er sie hinter sich lassen können, nach und nach. Abgesehen von den seltenen Momenten, in denen er unter den Besuchern ein Pärchen bemerkte, das liebevoll miteinander umging. Wodurch die schmerzende Erinnerung an längst aufgegebene Wünsche manchmal in ihm aufflackerte. Und die sich im Alltag des betenden und arbeitenden Mönchs bald wieder auflöste. Wäre er doch bloß in Indien geblieben. Wieso ist er überhaupt hier? Der Moment blitzt in ihm auf, als sein Meister ihm riet, die Reise anzutreten. Für Martina da sein, Frieden mit ihr schließen, ihr den Übergang erleichtern, das war der Zweck seiner Reise, deshalb hat er sich auf den weiten Weg gemacht.

Oder? War da noch ein Grund, warum der Meister ihn nach Deutschland geschickt hat?

Nein, er will sich die Frage nicht stellen, keinen Gedanken wird er daran verschwenden, der monastische Weg ist genau der Richtige.

Für ihn.

Es tut verdammt weh, dass Katrin ihn abgewiesen hat.

Was für ein himmelschreiender Widerspruch.

Egal, Tenpa geht los und kämpft sich quer durch den Wald. Bleibt immer wieder mit seinen Roben an vorstehenden Ästen hängen und muss verdammt aufpassen, dass der Stoff nicht einreißt.

SECHS

In Gedanken an ihn kaut sie auf der Unterlippe, starrt vom Fenster hinunter auf den leeren Vorplatz und die Straße. Natürlich muss er sich abgelehnt fühlen. Wieso hat sie nur so blöd reagiert. Weil er ausgerechnet in dem Moment aufkreuzte, als Werner vor ihrem Büro den neuen Heizkörper anbrachte? Als wenn der sich fragen würde, warum ein Mönch ihr Weidenkätzchen bringt.

Katrin seufzt, als sie sieht, wie Oma Pieper mit einer riesigen Einkaufstasche aus ihrem ärmlichen kleinen Häuschen kommt und schweren Schrittes die Straße hoch geht. Mehrmals versuchte sie der alten Dame begreiflich zu machen, dass der Supermarkt in Grevesmühlen ohne Mehrkosten ins Haus liefert. Vergeblich. Frau Pieper muss selbst gehen, um die richtigen Kohlrabi auszusuchen. Weil der Weg durch den Wald zu beschwerlich geworden ist, nimmt sie seit Neuestem den Umweg über die Straße. Eine Stunde Zeit plant sie ein bis zur Abfahrt des Zuges. Die Regionalbahn fährt fünf Minuten. Vom Bahnhof in Grevesmühlen geht sie noch mal dreißig Minuten, bis sie das Geschäft an der Durchgangsstraße erreicht. Sie ist für ihren Einkauf also mehr als vier Stunden unterwegs. Katrin hatte angeboten, ihr die Einkäufe mitzubringen. Mit dem Fahrrad kann sie eine Menge transportieren. Zwecklos. Der Krug geht so lange zum Brunnen bis er bricht. Und solange er nicht gebrochen ist, nimmt Frau Pieper die Dinge selbst in die Hand. Keiner soll ihr mit dem mobilen Supermarkt kommen. Der ist viel zu teuer. Und ein Lebensmittel-händler, der raucht, das geht gar nicht.

Wie sehr sie es bereut, ihn allein im Wald stehengelassen zu haben. Ohne jede Erklärung. Dabei konnte der arme Kerl gar nichts dafür. Verdammt sympathisch ist er. Und klug obendrein. Obwohl er Mönch ist. Schade eigentlich. Aber auch interessant. Herausfordernd. Wie kindisch von ihr, ihn schuldig zu sprechen, nur weil er in ihr die Erinnerung weckte an diesen schrecklichen Abend mit ihrer Schwester... - sie entdeckt Spinnweben in der Ecke über dem Fenster, will sich aufmachen, einen Besen zu holen, da sieht sie durchs Fenster, wie Werner mit seinem Lieferwagen von einem entgegen kommenden knallroten Fiat hupend angehalten wird, eine blonde Frau springt aus dem Wagen, reißt die Fahrertür des Lieferwagens auf, redet fröhlich auf Werner ein, der im Auto sitzen bleibt. Katrin kann lediglich seinen ausgestreckten Arm sehen, der die Frau offenbar zurückschieben will. Sie hört ihm zu, hat plötzlich verstanden und weicht zurück, als er die Tür schließt, um seine Fahrt fortzusetzen. Die Frau blickt kurz Richtung Schloss, steigt in ihren Fiat, wendet und beeilt sich Werner zu folgen. Katrin hat verstanden. Die Begeisterung, wie die Frau sich freute Werner wieder zu sehen, sein abweisendes Verhalten, als wenn die Begegnung am falschen Ort stattfinden würde...

Ein kurzes hysterisches Lachen, dann sinkt sie auf ihren Bürosessel. Das Gefühl, er würde sich mit einer anderen vergnügen, ist schon länger in ihr. Zumal er immer wieder ungefragt begründet hatte, warum er auch am Wochenende in Hamburg übernachten wollte. Dabei war ihr das doch mehr als recht. Im Grunde hatte sie ihre Ehe bereits aufgegeben. Wieso sollte es sie also interessieren, wenn er eine andere hat?

Ganz andere Sorgen hat sie. Auf Schloss Glankow ständig unterfordert zu sein, die sinnlose, unverdrossene Stellensuche als Schuhdesignerin, ein wenig Freude über ihre ambitionierte Tochter, Canasta-Abend, Politikkreis an der Volkshochschule, allabendlicher Rotwein, mehr ist nicht in dem ereignisarmen Leben der Katrin Rose. Werner hat eine Geliebte. Sie ärgert sich maßlos über den schmerzenden Stich im Magen. Wieso steht sie nicht über den Dingen! Eifersucht, das ist doch nur was für dumme Weiber, die sich an ihre nichtsnutzigen Kerle klammern. Trotzdem, leider, ob es ihr gefällt oder nicht, prasseln rasende Gedanken durch ihr Hirn. Die andere ist schlank, größer, irgendwie damenhafter, wie eine aus der Stadt.

Mit Schwung erhebt sie sich aus dem Sessel, holt aus der Schreibtischschublade den Korkenzieher und öffnet die erste der beiden Flaschen Rotwein. Zwei Stunden hat sie noch bis zum Feierabend. Zeit und Grund genug, sich zu betrinken. Die ersten beiden Gläser nimmt sie ex. Früher, als die Liebe blühte zwischen ihr und Werner, da hätte sie souverän lachend ihrem Kerl einfach einen flotten Dreier angeboten und ihn dadurch verunsichert.

Katrin gießt sich nach und leert das Glas erneut zielsicher in einem Zug. Er mit einer anderen... das kann ihr doch nur recht sein. Sie wird sich nicht entblößen und Schwäche zeigen, indem sie die eifersüchtige Heulsuse abgibt. Schließlich war sie immer eine starke Frau! Außerdem soll er sich bloß nicht einbilden, er hätte sie immer für sich allein gehabt. Nicht das geringste hat er damals gemerkt.

Es ist Jahre her und die Ehe steckte bereits in der Krise. Werner arbeitete für sehr kleines Geld in einer Wismarer Klempnerbude und sie hatte, um der drohenden Dauerarbeitslosigkeit zu entgehen, wieder einmal Andersons Hilfe annehmen müssen. Der ehemalige Parteisekretär war ein guter Freund ihrer Eltern, der mit der Marktwirtschaft von Anfang an wunderbar zurechtkam und schon so manches Mal der Familie geholfen hatte. Aufgrund seiner Kontakte konnte sie die Leitung eines Supermarktes in Grevesmühlen übernehmen, eine gut bezahlte Tätigkeit, die sie allerdings schon aus ästhetischen Gründen nicht ausstehen konnte. Die Lebensmittelbranche interessierte sie nicht die Bohne. Mindesthaltbarkeitsdaten, Herkunftskennzeichnungspflicht, Frischwarenbeleuchtungssystem, verkaufspsychologische Waren-anordnung (Alkohol in Kleinflaschen im oberen und Süßigkeiten für Kinder im unteren Wartebereich der Kassen), all das war ihr zuwider. Sie arbeitete viel und die Ehe reduzierte sich auf Praktisches im Alltagsleben, erstarrte zunehmend in Leidenschaftslosigkeit. Immerhin, der Job hatte ihr ein wunderbares Abenteuer verschafft.

Es war ein charmanter Kunde, der ihr schon seit längerem den Hof machte. Das schmeichelte ihr, das tat gut und irgendwann war die Sehnsucht ihres Körpers - im Ehebett waren erotische Momente zur absoluten Ausnahme geworden und alles andere als erotisch - groß genug. Der Mut ihrer wilden Jugend kehrte zurück, sie sprach eines Tages nach Feierabend den Kunden an, der offenbar auf dem Parkplatz des Supermarktes auf sie gewartet hatte. Bald schon kam es zu Zärtlichkeiten. In einem Hotel am Meer. Mehrmals. Das war hemmungslos wild romantisch und schön verboten. Glücksgefühle für Körper und Seele, aber auch fürs Selbstbewusstsein. Sie genoss es, wie sehr der junge Kerl auf ihre körperliche Fülle abfuhr. Es tat ein bisschen weh, dass ihr Werner so gar nichts merkte, obwohl sie manchmal direkt nach dem Sex nach Hause kam. Aber eben nur ein bisschen.

Wie soll es nur weiter gehen mit ihr und dem Leben? Scheidung? Sie öffnet die nächste Flasche Rotwein.

Die Schranken sind bereits geschlossen, als er die Straße erreicht, die zur Bahnhaltestelle führt. Noch zweihundert Meter, er beschleunigt seinen Lauf - da rauscht die Regionalbahn Richtung Schwerin an ihm vorbei. Ohne zu halten. Schwer atmend bleibt er stehen. Die 'gegenseitig abhängigen Umstände', im tibetischen Buddhismus 'tendrel' genannt, die sich durch das Zusammentreffen ihrer eigenen speziellen Ursachen und Bedingungen ergeben, sind heute nicht auf seiner Seite. Doch er verschwendet nicht sinnlos seine Zeit mit schlechter Laune. Sondern nimmt die Dinge und damit den verpassten Zug hin, überquert den Bahnübergang und bleibt an derselben Stelle am Straßenrand stehen wie vor drei Tagen, als er in zufriedener Gelassenheit war.

Das Krankenhaus erreicht er spät. Er hatte mehr als eine Stunde zu warten, bis der knallgelbe Citroen 2CV hielt. Die Frau am Steuer war freundlich und brachte ihn direkt ans Ziel. Nun steht er im Gang des Krankenhauses und spricht mit der Schwester. Martina schläft, nachdem sie eine starke Dosis

Morphin bekommen hat.

Er öffnet leise die Tür und setzt sich zu ihr ans Bett. Er betrachtet die Sterbende, die schwer und angestrengt atmet. Mit leicht geöffnetem Mund liegt sie auf dem Rücken. Bis auf Hände und Unterarme ist ihr Körper verborgen unter der Bettdecke, die im Rhythmus des Atems durch den Brustkorb leicht bewegt wird. Ihre Wangen wirken eingefallener als gestern. Ab und zu zuckt ein kleiner Muskel im Gesicht oder an den Händen. Vereinzelt ein lautes Ausatmen. Wie verzweifeltes Stöhnen. Martinas leidvoller Kampf in ihrem kranken Körper ist unverkennbar - und doch kann Tenpa seine Gedanken nicht von Katrin lassen.

Bis ihm irgendwann eine der zahlreichen Übungen einfällt, die er im Kloster gelernt hat. Die 'Meditation über das Austauschen von sich selbst und anderen'. Die Übung beginnt damit, sich in das Leid einer anderen Person hineinzuversetzen. Er fokussiert sich auf Martina und fühlt sich in sie ein. Vor seinem geistigen Auge liegt er statt ihrer im Bett, den unabweislichen Tod vor sich. Ihre Schmerzen stellt er sich in aller Heftigkeit vor, ihre Ausweglosigkeit, ihre Verzweiflung, ihre Angst vor dem unbekannten Nichts, das auf sie zukommen wird. Eine ganze Weile visualisiert er die Situation. So detailliert wie möglich fühlt er sich in ihre Schmerzen hinein, in ihre unruhigen, angstvollen Gedanken.

Weil er sich auf ihr Leid fokussiert statt auf sein

125

eigenes, erwacht allmählich und immer klarer allumfassendes Mitgefühl in ihm und breitet sich wie von selbst in seinem Kopf und in seinem Herzen aus. Die sinnliche Erfahrung ihrer Bedürfnisse klar vor Augen nimmt er ihre Hand. Mit zärtlicher Stimme beginnt er zu sprechen, als wenn sie wach wäre.

Wie dankbar er ihr ist. Weil er damals den Weg ins Kloster fand, einen Weg, zu dem er ohne sie niemals hätte aufbrechen können, einen Weg, den er finden konnte, weil sie war wie sie war. Während er seine eigene Stimme hört, spürt er, wie sich Schritt für Schritt etwas in ihm löst, ja geradezu auflöst und er beginnt, aus dem Tal seiner leid- und lustvollen Emotionen herauszufinden. Eine Last fällt nach und nach in ihm und von ihm ab. Bis zu dem Moment, da er sich befreit fühlt und die Hände hebt zum Gebet, unermessliche Liebe strahlt aus seinen Augen, leise und aus tiefstem Herzen wünscht er der Schlafenden, dass sie inneren Frieden findet und ohne Angst und Sorge loslassen kann.

Er verspricht, morgen früh wieder zu kommen und erneut für sie da sein. Vielleicht ist sie dann wach und er kann ihr erzählen und dabei ganz aufrichtig sein, warum er damals nicht zeigen konnte, wie verliebt er in sie war, warum er den Mut nicht fand Initiative zu zeigen. Damit sie klar und ohne jeden Zweifel versteht, dass sie damals nichts falsch gemacht und keinerlei Schuld an seinem Schicksal hat.

Es ist knapp, aber er erwischt den letzten Zug nach Glankow, sitzt am Fenster der fahrenden Regionalbahn, starrt in die dunkle Nacht, dankbar und zufrieden, Zeit an Martinas Bett verbracht zu haben, mit ihr verbunden gewesen zu sein. Vielleicht hat seine Meditations-Übung sogar ein wenig auf sie gewirkt. Zumindest bildet er sich ein, dass ihre Atmung etwas ruhiger verlief, als er sich von ihr verabschiedete. Gleichzeitig fühlt er sich erstaunlich erleichtert, geradezu froh, wieder der spirituelle Krieger zu sein, der nicht aufgibt. Wie kraftvoll Buddhas Lehre doch sein kann. Alles wird er tun, um seinen Mönchstatus behalten zu können - und genau deshalb wird er darauf achten, anderen Frauen aus dem Weg zu gehen, allen voran natürlich Katrin.

An Martinas Bett hat er mit seinem Geist gearbeitet, wie er es gelernt hat, ist sich seiner Gedanken bewusst geworden und hat sie durch eine einfache Kontemplation auf ihren tatsächlichen Wesenskern zurückgeführt: Gedanken - Gefühle sind letztendlich auch nur Reaktionen im Gehirn, die sich in Gedanken manifestieren - existieren nur im Kopf. Sie sind nicht real im Sinne einer dauerhaften, unabhängigen Existenz.

Dank dieser Einsicht konnte sich all sein Schmerz in der unendlichen Weite des Raumes auflösen. Gleichzeitig erinnert er sich an die Erkenntnis, dass

Geschehenes, wie zum Beispiel in Verenas Atelier, nur zu leidvoller Realität wird, wenn man daran festhält. Eigentlich ist nichts passiert. Seine verletzte Eitelkeit und ihr mitleidiger Blick - beides ist flüchtig und unwirklich wie ein Traum.

Es ist bereits nach Mitternacht, als er vorm Schloss ankommt. Kein Fenster im Schloss oder in den angrenzenden Häusern ist erleuchtet. Leise geht er durch das große Treppenhaus. In der Wohnung reinigt er akribisch seine Gewänder, stellt den Wecker auf 4.40 Uhr und legt sich schlafen.

Lust auf Leben. Er war Libanese und ihre große Liebe. Sie heiratete, da war sie zwanzig. Er starb bei einem Autounfall, vier Jahre später. Ihre Trauer war groß. Zwei Jahre danach verliebte sich die Gymnastiklehrerin in einen Mathematiklehrer, der gutes Geld verdiente, ein tolles Auto hatte und ein Segelboot. Der intelligente Pädagoge und die sexy Sportlehrerin, sie waren so unterschiedlich. Als er sich das erste Mal von seiner bösen Seite zeigte und Martina schlug, mitten ins Gesicht, ein einziges Mal, weil sie in seiner Wohnung viel zu lange geduscht und damit seiner Meinung nach viel zu viel Wasser verbraucht hatte, verließ sie ihn, für immer, sehr zum Leidwesen ihrer Mutter, die ihn gerne als Schwiegersohn gesehen hätte. Und sie kündigte sofort an der Schule, denn sie wollte den Mann, der sie ins Gesicht geschlagen hatte, nie wieder sehen. Wenig später bröckelte ihre Ursprungsfamilie, der Vater hatte eine Bürgerliche 'aus gutem Haus' kennengelernt und reichte die Scheidung ein, Mama wurde depressiv. Martina bekam eine erfolgreiche Künstlerin als jüngere Stiefschwester. Gefühllos und berechnend, besonders Männern gegenüber, so empfand sie Verena. Im Gegenzug wurde sie von ihr als naiv und ungebildet gesehen. Martina absolvierte einen Taxischein - schließlich fuhr sie für ihr Leben gern Auto - und lernte bei Mikadofunk den Automechaniker kennen, einen diplomierten Soziologen, der hier jobben musste, weil er in seinem gelernten Fach nie die richtige Arbeit finden konnte. Eine Zeit lang genoss sie es mit dem liebevollen, feinsinnigen Intellektuellen, der sie in die Oper mitnahm oder ins Theater. Der Sex mit ihm war wunderbar, weil ihre unverschämte Direktheit ihn maßlos anturnte, weil er sie andauernd begehrte und nie genug bekommen konnte. Durch ihn fand sie ihre Liebe zum Offroadfahren. Er wollte sie. Für immer. Weil sie aber nach einigen Monaten begriff, dass sie ihm intellektuell nie würde genügen können, trennte sie sich eines Tages von ihm. Bevor sie sich ernsthaft und mit Haut und Haaren in ihn verliebte. Weil sie wusste, er würde eines Tages die Richtige finden, die, mit der er alles teilen konnte - und dann wäre ihr Schmerz zu groß. Er war bitter enttäuscht und kämpfte um sie. Aber sie blieb hart. Nach drei Jahren Single-Dasein trat Türsteher Jan in ihr Leben, ein einfacher, lieber Kerl, der traumhaft tanzen konnte, verdammt charmant war und ihre fröhliche, unbekümmerte Natur schätzte. Mit ihm teilte sie viele Interessen. Musik, Tanzen, Sport, Sex. Leider mochte der Ökofreak keine Autos. Gute Partner fürs Geländefahren zu finden war schwierig. Zähneknirschend fuhr er mit. Ein einziges Mal. Was für eine Katastrophe. Sie wurde traurig, weil sie diese Art von Abenteuer nicht teilen konnte.

Eines Tages lernte sie Bernhard kennen. Ein bisschen komisch zurückhaltend war er, aber ein mutiger, begeisterter Geländefahrer und ein feiner Kerl. Irgendwie nicht ihr Typ, so schlank, so wenig sportlich. Aber seine Begeisterung für Offroad war süß. Sie fühlte sich wohl bei ihm, aufgehoben. Jan war eifersüchtig, aber er zeigte es nicht. Denn sie konnte Eifersucht nicht ausstehen. Es gab auch keinen Grund. Bernhard war lediglich ihr Motocross-Partner. Dennoch: nicht nur bei den Offroadtripps war es lustig mit ihm, seine verquere Mischung aus männlich-waghalsiger Entschlossenheit und jungenhafter Schüchternheit. Am Steuer konnte er zudem albern werden wie ein Kind. Da gab es immer was zu lachen.
Eine Weile war sie mit Kumpel Bernhard unterwegs und merkte nicht, was mit ihr los war. Als der

Hochzeitstermin stand, war sie überglücklich und musste es ihrem Freund Bernhard gleich erzählen. Nicht ihre Stiefschwester sollte Trauzeuge werden. Sondern er, ihr bester, einziger Offroad-Partner. Wie er sie mit einem vorgeschobenen Grund allein zurückließ, da ahnte sie, sie hatte etwas falsch gemacht. Bald schon spürte sie, wie sehr sie ihn vermisste. Erfolglos telefonierte sie Bernhard hinterher. Während ihr Verlobter plötzlich seine aufgestaute Eifersucht gegen den Verkehrsplaner auspackte. Jan hatte ihr nicht vertraut! Wie Schuppen fiel es ihr von den Augen, als sie erfuhr, er hatte einen Detektiv engagiert, um ihr hinterher zu spionieren. Das sollte der Vater ihrer Kinder werden? Nicht mit ihr. Ohne Vorwarnung gab sie ihm den Laufpass und fing an Bernhard zu suchen. Er war wie vom Erdboden verschluckt. Zum ersten Mal seit dem frühen Tod ihres Ehemanns war sie total unglücklich. Zum zweiten Mal hatte sie das Gefühl, das Leben war sinnlos. Sie hatte alles falsch gemacht und war auch noch selbst schuld. Martina fraß den Frust in sich hinein, steuerte lustlos ihre Taxe durch Kiel. Verursachte durch Unachtsamkeit den ersten Autounfall ihres Lebens. Beim Ausparken übersah sie den entgegenkommenden Wagen und prallte mit ihm zusammen. Da es im Bauchraum auch nach Tagen noch schmerzte, ging sie schließlich doch zum Arzt. Die Prellung war nicht das Problem. Zusätzliche Routine-untersuchungen ergaben die vernichtende

Diagnose.

Bernhard noch einmal zu sehen, das war ihr Wunsch, als nach Jahren des Kampfes der Krebs ihr keine Chance mehr ließ. Und der Moment, der erste, bei dem sie ihre Stiefschwester um Unterstützung bat. Verena fand tatsächlich heraus, wo er lebte. Als Mönch in einem Kloster. Was sollte sie mit einem Kerl, der seine Männlichkeit nicht ausleben durfte. Nein, besser doch nicht sehen. Die Haare waren durch die erste Chemo ausgefallen, sie sah beschissen aus, keiner sollte sie sehen. Operationen und Chemotherapien ohne Ende... Martina hatte jeglichen Lebensmut verloren.

Er steht vor ihrem Bett. Zwei weiße Rosen sind es diesmal, die er ihr überreicht. Sie freut sich, nimmt sie, betrachtet sie ausgiebig, sie sind wirklich sehr schön und sie duften.

»Das hast du früher nie gemacht.«, flüstert sie und legt die Rosen auf der Bettdecke ab.

»Lernt man im Kloster.«

Martina lächelt. Er drückt ihre Hand.

Wie selbstverständlich sitzt er vertraut auf ihrer Bettkante, froh, bei ihr zu sein. Ein Foto holt er aus seiner Robe hervor und reicht es Martina. Es zeigt sie in Hot Pants vor einem schlammbespritzten Landrover. Die ganzen Jahre hat er dieses Foto behalten! Sie betrachtet es wehmütig.

»Ich sah gut aus früher, richtig kess.«

»Für mich bist du immer noch toll.«

»Hättest du damals ein bisschen Initiative gezeigt...«
Sie deutet auf die Nachttischschublade. Er öffnet sie
und findet ein entsprechendes Foto von sich. Das
Sprechen fällt ihm schwer, so gerührt ist er.

»Ich wollte ja, aber...«

Er streichelt ihre Wange, küsst sie auf den Mund.

»Bitte verzeih mir.«

Ihre Augen erscheinen wie leer, als wenn sie nach
innen schauen. Fehlt ihr die Kraft zu reagieren? Nein,
sie denkt nach. Dann, endlich, drückt sie schwach
seine Hand, blickt zu ihm hoch.

»Du bist mir nicht mehr aus dem Kopf gegangen. Erst
als ich begriffen habe, dass es dem Ende zu geht,
musste ich dich unbedingt sehen. Ich konnte es mir
damals nicht eingestehen, aber...«

Pause. Sie lächelt. Drückt erneut, diesmal kräftiger,
seine Hand, versucht sich mühsam aufzurichten, er
beugt sich zu ihr, sie schlingt ihre Arme um ihn, hält
sich an ihm fest.

»Ich hab dich geliebt.«

Kaum hat sie diese vier Worte gesprochen, wird sie
von einer Schmerzattacke überrollt, sie muss sich
hinlegen, er greift zum roten Knopf, aber sie
schüttelt den Kopf. Sie will nicht. Hält seine Hände.
Tränen in seinen Augen. Er schaut sie an, genießt
den Moment, den er damals nicht erleben konnte,
während er gleichzeitig für sie betet. Mögen deine
Schmerzen nachlassen. Nach einer Weile ebbt der

schmerzende Aufruhr in ihr ein wenig ab.

»Du bist wegen mir ins Kloster gegangen?«

Er nickt. Sie legt nach.

»Du hast ja noch meine Stiefschwester.«

Sie schmunzelt ihm aufmunternd zu. Er schüttelt den Kopf.

»Ich soll mit Verena nachholen, was ich bei dir verpasst habe?«

»Wieso nicht. Du hast es verdient.«

Ihre unbekümmerte Aufrichtigkeit überwältigt ihn. Er will ihre Stirn küssen. Mit beiden Händen zieht sie seinen Kopf tiefer zu sich und küsst ihn so entschlossen wie zärtlich auf den Mund.

»Ich weiß, du bist Verpflichtungen eingegangen. Die willst du nicht für kurzfristige Vergnügen in Frage stellen. Oder?«

Tenpa überlegt, muss schließlich verschmitzt grinsen. Martina lehnt sich zufrieden zurück.

»Na also. «

»Am liebsten würde ich...«

Weitersprechen will er nicht, blickt stattdessen beiläufig auf seine Uhr.

»Hast du eine Verabredung?«

»Nein.«

»Mit ihr?«

»Nein!«

Das klingt beinah empört. Sie mustert ihn prüfend, eine geraume Weile lässt sie sich Zeit, bis ihre Lippen souverän lächelnd zucken.

»Verstehe. Da gibt's noch eine.«

In der Ecke steht ein Rollstuhl. Er deutet auf ihn.

»Schaffst du das?«

»Vielleicht. Aber ich darf nicht.«

»Gut.«

Sie trägt eine bunte Wollmütze, als er sie schwungvoll durch die Parkanlage des Krankenhauses schiebt. Ein Arzt, der rauchend am Ende eines Weges steht, sieht den Mönch mit der Schwerstkranken, tritt seine Zigarette aus und kommt protestierend auf die beiden zu. Tenpa macht eine rasante Kehrtwendung und rennt los. Flink drehen sich die Räder im knirschenden Kies und sie kann auf einmal sogar lachen. Immer schneller schiebt er den Rollstuhl, bis er erschöpft ist und an einer Bank stoppt, weil er sich setzen muss. Er betrachtet seine verpasste Liebe, deren Schönheit in ihren feinen Gesichtszügen immer noch erkennbar ist.

»Beinah wie früher.«, sagt er.

Verbundenheit und Akzeptanz. Frieden in ihren Blicken.

»Ich kann meinen Flug verfallen lassen und später...«

Martina schüttelt entschieden ihren Kopf. Nein, das will sie nicht, das will sie überhaupt nicht. Er soll nicht länger bleiben wegen ihr und sie meint es ganz ernst. Sie ist so dankbar, dass er sie besucht hat. Lange blickt sie ihn an, bis ihr Kopf nach unten sackt, erschöpft, angestrengt, hängende Schultern, so starrt sie ins Leere.

Dann plötzlich - und er ist mehr als überrascht - kehrt ihre Energie zurück, sie erhebt sich beinah schwungvoll und will jetzt und auf der Stelle unbedingt wissen, wie das im Männerkloster ist mit dem Sex. Sträuben will er sich, schließlich ist es absurd, in ihrer Situation über die Banalität des Männlichen zu reden. Sie besteht darauf.

»Was ist an der körperlichen Liebe so schlimm?«

»Nichts, wieso, das hat doch niemand gesagt.«

»Aber warum ist sie dann verboten?«

»Weil..., also, Sex ist bestimmt was Großartiges, aber es führt am Ende genauso zu Leid wie alles andere. Die Libido gilt als stärkste Form der Ablenkung.«

»Von was?«

»Von unserem Weg. Wir nehmen die Gelübde, damit wir es leichter haben auf unserem buddhistischen Pfad. Wir verzichten also, damit wir da hinkommen, wo wir hinwollen.«

»Schön und gut, aber wie macht ihr Männer das?«

Tenpa versteht nicht.

»Also die, die ich hatte, zwei drei Tage und die mussten unbedingt wieder.«

Ihre Direktheit schmerzt. Setzt ihn schachmatt. Sterbebegleitung hat er sich anders vorgestellt. Um es hinter sich zu bringen, legt er los.

»Die jungen Mönche, die von ihren Eltern schon als Kinder ins Kloster geschickt wurden, die sehnen sich natürlich nach Frauen und freuen sich über jede Besucherin, die sie sehen können.«

»Werden die schwul?«

»Martina, genau weiß ich das nicht. Aber es sind bestimmt viel mehr als ich denke. Bei den Älteren hingegen, die Zeit ihres Lebens Mönch waren, die haben sichtbar kaum Sehnsüchte, die sind eher jenseits solcher Begehrlichkeiten, die brauchen das nicht, verstehst du, bei denen hat sich das Kino im Kopf wohl nie so entwickelt, die sind wahrscheinlich frei davon, was ich nicht kenne, vermiss ich nicht. Aber die, die erst als Erwachsene Mönch wurden... naja, die... die arbeiten an sich.«

»So wie du.«

»Ja, so wie ich.«

Er zieht den Rollstuhl näher zu sich, streichelt ihre Wange, kämpft mit den Tränen, kann und will in diesem Moment nicht wahrhaben, dass ihr Ende naht. Er wird sie verlieren und kann nichts dagegen tun. Verzweifelte Wut kriecht in ihm hoch. Weil er machtlos ist, weil das Leben ihr keine Chance mehr geben will, weil es bald vorbei sein wird, für immer. Leise beginnt es zu regnen. Ernst, nachdenklich, schweigend schaut sie, nicht zu ihm, sondern vor sich hin, zunehmend in sich hinein, von ihm weg. Bis sie mühsam ihren Kopf hebt.

»Schieb mich zurück, mir wird kalt.«

Ein rahmenloser Bildhalter mit den Fotos der beiden

steht neben dem Bett auf dem Nachttisch.

»Die Erinnerung bleibt.«, sagt er leise nach einer Weile, wie wenn er sich selbst trösten wollte.

»Du wirst die Liebe finden.«

Ihre Stimme ist dünn, kaum hörbar, sie liegt auf dem Rücken unter der Bettdecke. Ihre Lebensenergie schwindet. Er sieht es in den Augen, die sich nach innen leeren. Wie in Zeitlupe. Langsam bewegt sich ihr Kopf zur Seite, von ihm weg, ihr Mund öffnet sich, die Atemzüge werden seltener, kürzer. Immer wieder ein Röcheln. Lautlos sitzt Tenpa bei ihr und dreht betend die Perlen der Mala. Der Sekundenzeiger der Wanduhr zieht gleichmäßig seine Kreise. Runde für Runde. Regentropfen an der Fensterscheibe. Die Wolkenwand reißt auf, Sonnenstrahlen ergießen sich für einen Augenblick ins Zimmer.

»Bernhard.«

Ein kaum vernehmbarer Hauch. Vorsichtig nimmt er ihre Hand, sie bäumt sich auf, schnappt nach Luft, der Unterkiefer sackt, verharrt bewegungslos - und grenzenlose tiefgründige Stille flutet in den Raum.

Er zündet eine Kerze an, legt die Hand auf ihren Scheitel und visualisiert über ihrem Kopf einen strahlenden Buddha ebenso wie einen hell leuchtenden Jesus Christus, die beide gemeinsam Strahlen der Liebe zur Verstorbenen senden. Ehrfürchtig und aufrecht sitzt er an Martinas Bett, bewegungslos, sein Atem fließt, seine Gedanken ruhen. Er ist einfach da. Bei ihr.

SIEBEN

Am nächsten Morgen. Die Sonne scheint. Leise plärrt Schlagermusik aus dem Lautsprecher über der Frontscheibe. Tenpa in der ersten Reihe im fahrenden Linienbus. Vor ihm die von Bäumen gesäumte Straße, die durch sanft hügelige Landschaft führt. Gestern verbrachte er im Krankenhaus viele Stunden an ihrem Bett und betete, um ihr den beschwerlichen Weg in ein möglicherweise neues Leben zu erleichtern. Erst später informierte er die Krankenschwester, die umgehend kam, Martinas Puls fühlte und erschrocken den Arzt holte.

Jetzt erst, in diesem Moment, lässt er den Schmerz über den Verlust seiner verstorbenen Liebe zu.

Er weint. Bitterlich.

Wieso hatte er die Erinnerung an sie immer nur verdrängt, in all den Klosterjahren, sich nie gefragt, was sein plötzliches Verschwinden aus Kiel für sie bedeutet haben mochte. Die vorbeiziehenden Bäume verschwimmen tränenreich in der Unschärfe. Nie mehr wird er ihr mitteilen können, was damals hinter seiner furchtbaren Schüchternheit steckte. Die Gelegenheit hat er verpasst. Für immer. Wäre er doch nur im richtigen Moment so mutig direkt aufrichtig gewesen wie sie. Ab sofort wird er seine Schwächen nicht mehr verbergen. Sondern klipp und klar zu ihnen stehen. Das ist er Martina schuldig.

Außerdem: Was wäre mit ihr geschehen, wenn er damals nicht einfach nur weggelaufen wäre, wenn er sich und ihr und ihrer Beziehung eine Chance gegeben hätte? Wenn er sie in die Auseinandersetzung getrieben hätte? Sie wäre gar nicht krank geworden. Möglicherweise. In der Seitenscheibe des fahrenden Busses spiegelt sich mit einem Mal ihr Gesicht, wie es fröhlich lacht. Was wäre wenn - vergiss es. Mach was aus deinem Leben. Die Dinge von gestern sind heute nicht zu ändern. Jeder kriegt, was er braucht. Die Sonne taucht ab hinter einer Wolkenwand und das Spiegelbild ebenso. Seine Mission ist erfüllt.

Der Entschluss steht. Heute Abend im Schloss wird er sich von eine der Frauen ein Telefon geben lassen. Um bei Indian Airlines den Rückflug zu bestätigen.

Im März beherbergt der Ferienort Boltenhagen nur wenige Gäste. Dementsprechend gibt es nicht viele, die auf seine seltsame Kleidung aufmerksam werden, als er aussteigt. Unbehelligt überquert er die Hauptstraße. Er weiß, es sind nur wenige Schritte. Vorbei an einem Hotel ohne Gäste, mehreren verschlossenen Imbissbuden und einer traurigen kleinen Parkanlage im Winterschlaf gelangt er schnell zur Strandpromenade.

Da ist sie. Zum ersten Mal nach so vielen Jahren. Still, ruhig, grau, so liegt sie da, als wenn sie auf ihn gewartet hätte. Die Ostsee. Bereits vor seiner Abreise aus dem Kloster hatte er diesen Ausflug geplant und sich darauf gefreut. Das andere, das heimliche Ziel seiner Reise.

Er nimmt eine schmale Holztreppe hinunter zum Strand und setzt sich in den Sand. Der Geruch von Salzwasser. Die Geräusche der Wellen. Der endlos weite Blick. Keine Berge, die stören. Wie oft quälte ihn im Kloster die unerfüllbare Sehnsucht zum Meer, wie oft malte er sich aus, stundenlang am Strand entlangzulaufen und sich nach Herzenslust in das erfrischende Nass zu stürzen.

Er erinnert sich. An die aufregende und gleichzeitig verbotene Tour mit Martina im Landrover über diesen Strand. Und wie aus dem Nichts kommt ihm Patenonkel Helmut aus der Kindheit in den Sinn. Wenn der mal zu Besuch war, fuhren sie alle zusammen an die Ostsee. Mutter, Großmutter und große Schwester waren mit Sonnencreme, Liegestuhl, Würstchen und Kartoffelsalat, Kaffee aus der Thermoskanne und selbst gebackenem Streuselkuchen beschäftigt. Der kleine Bernhard durfte stundenlang und unbehelligt im Wasser herumtollen. Oder mit Wassereimer und Sandförmchen spielen. Helmut half, Rinnen zu bauen, in denen das hereinfließende Wasser seinen Weg in ausgehobene Sandkuhlen finden konnte. Je steiler und tiefer die Rinne war, um so schneller floss das Wasser. Brücken wurden gebaut, kleine Plastikboote im selbst gebauten Teich zu Wasser gelassen. Die Fantasie des Patenonkels inspirierte den kleinen Bernhard. Die Ideen, dem fließenden Wasser neue Wege zu bauen, waren schier unermesslich.

Hier begann das Abenteuer seines Lebens.

Als er größer war, tauchte der Onkel eines Tages mit einem offenen Geländewagen auf und lud den Patensohn zu einer Tour über den Strand ein. War das eine Freude, über den menschenleeren Strand zu brettern. Das Wasser spritzte, der Sand flog, Onkel Helmuts Hände wirbelten gekonnt das Lenkrad hin und her und Bernhard spürte die Freiheit des Lebens in jeder Phase seines jungen Körpers. Ohne den Onkel hätte er Martina nicht kennen gelernt.

Eine Ewigkeit hat er mit aufrechtem Rücken im Schneidersitz im Sand gesessen und in die endlose Weite des Wassers geschaut. Jetzt erhebt er sich und schlendert durch den Sand Richtung Westen. Ohne

Ziel. Ohne Erwartung. Auch ohne Martina ist es schön hier zu sein. Zumal er sie jetzt in seinem Herzen trägt und auf seine Wanderung mitnimmt. Schritt für Schritt in der weichen, körnigen Masse, welch ein Genuss. Schließlich kann er nicht mehr an sich halten, zieht die Schuhe aus, hebt die Gewänder und geht an der Wasserkante entlang. Kleine Wellen schwappen das Wasser an die Füße. Es ist höllisch kalt. Doch das ist unerheblich. Sand, Wasser, nackte Füße, das setzt Energie frei im ganzen Körper.

Am Ende des Ortes entdeckt er sie plötzlich und erschrickt, bleibt wie angewurzelt stehen und will sich sofort umdrehen. Schnell weg hier. Bevor sie ihn bemerkt. Sie sitzt am Rande einer flachen Düne. Allein. Nachdenklich. Traurig wirkend. Sie hat ihn bereits gesehen. Lächelt. Hebt grüßend die Hand. Eine mögliche Begegnung mit ihr hatte er nicht in Betracht gezogen. Er geht auf sie zu.

Vorsichtige Begrüßung.

Er lässt sich neben ihr nieder, im Schneidersitz.

Beide schauen aufs Meer. Keiner sagt etwas.

Nach einer geraumen Weile bricht Katrin das Schweigen.

»Deine Zweige waren wirklich schön. Es war unfair von mir, tut mir leid.«

»Das war gestern und ist lange her.«

Sie sieht ihn dankbar an. Er nickt freundlich.

»Bitte verzeih mir«, sagt er in die Stille hinein.

Katrin versteht nicht. Er muss es erklären. Was er

sagt, meint er ernst und doch auch wieder nicht.
»Weil ich im falschen Moment auftauche, weil ich falsche Fragen stelle, über Dinge, die mich nichts angehen, weil ich mich für klug und weise halte und Vorträge zum Besten gebe, weil ich dich ignoriere...«
»Bitte hör auf.«
Sie stützt den Kopf auf die Hände, richtet ihren Blick geradeaus in die Ferne, schweigt. Er tut es ihr gleich. Das Wasser der Ostsee ist dunkel, die Sicht weit und klar. Am Horizont, dort wo das Meer auf den grauverhangenen Himmel trifft, fährt ein Frachtschiff Richtung Baltikum. Bewegungslos hockt er neben ihr. Er stellt sich vor, was Martina ihm sagen würde. Nach und nach schwindet seine Anspannung, mit wachsender Gelassenheit kann er Katrins Anwesenheit annehmen, sitzt wunschlos neben ihr, das Meer vor Augen. Irgendwann lässt sie sich von seiner Friedlichkeit anstecken, wendet sich ihm zu.
»Gehen wir ein bisschen?«

Die beiden spazieren nebeneinander her, am Wasser entlang Richtung Westen, auf die Steilküste zu. Alle vier Hände sind unsichtbar verschwunden, seine in den Roben, ihre in der Windjacke, deren leuchtendes Blau farblich perfekt zu seinen Gewändern passt. Wie extra ausgesucht.
Der Strand an der Steilküste ist für Tenpa nicht ohne Anstrengung zu bewältigen. Kieselsteine und kleinste Felsbrocken. Er hat seine Mühe in den

ausgetretenen Klosterlatschen, während sie in ihren Sportschuhen recht gut vorankommt.

Lange sprechen sie nicht. Seine Gedanken kreisen kreuz und quer durch die längst vergangene Vergangenheit seines früheren Lebens, das Bild von Martinas letztem Atemzug vor Augen. Zunehmend entfernen sie sich von Boltenhagen. Immer weniger Menschen begegnen ihnen und schließlich, irgendwann, als auch die letzten Häuser des Ortes hinter dem Steilhang verschwunden sind, sind sie die einzigen. Nach und nach gelingt es ihm, seine Gedanken loszulassen und den Moment zu genießen. Ein paar kreischende Möwen, das leise Plätschern kleinster Wellen, die knirschenden Schritte im grobkörnigen Sand - der Weg ist beschwerlich und es ist schön ihn zu gehen.

Auf einmal bleibt sie stehen und deutet auf einen mächtigen Schwan vor ihnen, der leblos zwischen Geröllbrocken liegt. Das weiße Gefieder ist am Bauch großflächig gerupft, der lange, schlanke Hals blutig rot und bis auf die Knochen abgefressen. Offensichtlich wurde das Tier von einem anderen getötet, nach heftigem Kampf.

»Ich glaub, Schwäne sind besonders dumm.«

Wie sie das formuliert, klingt es nicht gerade mitfühlend. Er versteht nicht, was sie sagen will, guckt sie fragend an.

»Ich hab mal gesehen, wie einer im Teich so lange

wartete, bis das Wasser gefror und er mit seinen Federn festklebte. Obwohl ich versucht habe, ihn aufzuscheuchen.«

»Es ist vielleicht nicht leicht, Schwan zu sein.«

Er weiß nicht, ob sie ihn versteht. Auf jeden Fall reagiert sie nicht. Die beiden gehen weiter. Bis er seinerseits stehen bleibt und ins Wasser deutet. Wenige Meter vom Ufer entfernt ragt ein großer, glatter, runder Stein unspektakulär aus dem Wasser. Katrin freut sich.

»Ein Findling. Wo der wohl herkommt? Sicher aus dem Norden.«

Für ihn gibt es zahlreiche Ursachen und Bedingungen, die dazu geführt haben, dass der Stein jetzt hier liegt. Genauso wie er, Tenpa, jetzt hier ist. Der Stein gefällt ihm. Er betrachtet ihn genau. Seine Oberfläche ist glatt, ohne scharfe Kanten. Sie wirkt sanft, beinahe weich. Auch ohne genaues geologisches Wissen versteht er, dass die Materialbeschaffenheit des Steins ebenso etwas zu seiner jetzigen Form beigetragen hat wie das Wasser und der Wind. Ein schön anzusehendes Abbild scheinbarer Dauerhaftigkeit, das bei tiefergehender Betrachtung ebenso von Vergänglichkeit und wechselseitiger Abhängigkeit erzählt wie eine kurzlebige Welle im Wasser, die lediglich schneller vergeht als der Stein, der irgendwann zu Sand geworden sein wird.

Der Studierende aus dem Kloster liebt solche

Gedankenabfolgen. Er ist klug genug, sie für sich zu behalten.

Gerne würde er den Stein streicheln. Doch er liegt zu weit vom Ufer weg. Also muss er es beim Anblick der unberührbaren Schönheit belassen. Ganz beiläufig rückt er mit seiner roten Robe ein wenig näher an die blaue Windjacke, bis er sie berührt. Sie provoziert nichts, sie erwartet nichts, sie ist einfach bei ihm und das tut gut. Er fühlt sich angenommen, er hat Vertrauen, er genießt den Moment. Schöne Erinnerungen an seine Kindheit tauchen auf und er beginnt zu erzählen. Während er spricht, schaut er in die Ferne aufs Meer.

»Immer wenn wir mit meinem Patenonkel hier waren, hatte er Zeit für mich, war er für mich da und hörte mir zu, wenn ich von meinen Sorgen und Problemen erzählte. Alles wollte ich von ihm wissen. Keine Frage war ihm zu viel. Wieso es abends dunkel wird und morgens hell, warum der Himmel das Meer berührt, woher die Wellen kommen und wohin sie verschwinden und überhaupt, wie die ganze Welt funktioniert und warum die anderen alle einen Vater haben und ich nicht. Der Onkel hat Geländewagen getestet und war ein kluger Mann. Es war immer toll mit ihm. - Ich habe die Ostsee sehr geliebt.«

Er macht eine Pause, als wenn er eine Antwort von ihr erwartet. Sie hüllt sich in Schweigen.

»Ich liebe sie immer noch.«

Wehmütig klingt das, beinahe traurig. Ihre Reaktion

147

kommt erst nach Minuten. Im selben Tonfall.

»Wie schön das sein muss. Für dich... Sei froh darüber.«

Seufzend zieht sie den Reißverschluss ihrer Jacke hoch und dann sagt sie es plötzlich, mit harter, verbitterter Stimme:

»Ich - hasse diesen Strand. Sieben Jahre war ich nicht mehr hier. Weil ich schuld bin an Helenes Tod.«

Sie wendet sich ab und stapft durch den Kies auf einen Pfad zu, der die Steilküste hinaufführt. Nur mit Mühe kann er folgen. Ungefragt und schneller als ihm lieb sein kann, erfährt er ihre Geschichte. Es sieht nicht gut aus für ihn.

Schwester Helene war nach dem Tod der Mutter die wichtigste Stütze in Katrins Leben. Die gelernte Köchin war kinderlos und glücklich geschieden, eine starke, allseits beliebte Person, eine unabhängige Macherin, die Ende der Neunziger Jahre in Wismar ihr eigenes Restaurant eröffnet hatte und damit sehr erfolgreich war. Regelmäßig ein- oder zweimal im Monat trafen sich die Schwestern und ließen es sich gut gehen. Im Sommer fuhren sie immer an diesen Strand und hatten wunderschöne Schwestern-nachmittage.

Das Diplom in Schuhdesign hatte die Liebhaberin schöner Schuhe 1986 in Thüringen absolviert. Doch im neuen Westen wurde Katrins Studium nicht anerkannt. Weil sie mit ihren vierundzwanzig Jahren keine fünf Jahre Berufserfahrung vorweisen konnte, wollte ihr niemand eine Chance geben. Katrin gehörte zu den Wendeverlierern. Immerhin fand sie dank ihrer Schwester eine gut bezahlte Stelle als Leiterin der Schuhabteilung im Kaufhaus Hertie in Wismar. Schuhe zu verkaufen gab ihr Selbstvertrauen, aber nicht wirkliche berufliche Zufriedenheit. Einige Jahre später wurde im Rahmen von Umstrukturierungsmaßnahmen die Eigenständigkeit der Schuhabteilung aufgelöst. Plötzlich ohne berufliche Aufgabe zu sein war für die junge Mutter unerträglich und Katrin suchte mal wieder Rat bei ihrer großen Schwester.

Für Helene lag wahre Freiheit in der beruflichen Selbstständigkeit. Doch ihre wiederholten Vorschläge, Katrin solle sich als Werbezeichnerin selbstständig machen - schließlich zeichnete sie mit großer Leidenschaft schon seit Jahren erfolgreich für eine Werbeagentur Schuhmodelle, ein lukrativer Nebenverdienst, der die Verbindung zu ihrem gelernten Beruf wach hielt - stießen auf taube Ohren. Existenzgründung war nichts für sie. Außerdem hatte sie keine zeichnerische Ausbildung. Sie hielt sich nicht für gut genug. Für ihre Schwester nur eine faule Ausrede und damit die eigentliche Ursache des Problems.

Auch Katrins Ehe war Thema zwischen den

Schwestern, sah Helene doch immer deutlicher, wie sich die Eheleute auseinanderlebten. Tu was. Das war Helenes Einstellung zum Leben. Aber was sollte Katrin machen. Sie brauchte doch erst mal eine neue Arbeit.

Leider bekam Helene mitten in den vertraulichsten Gesprächen mit ihrer kleinen Schwester andauernd geschäftliche Anrufe. Sie war weit über Wismar hinaus bekannt geworden. Ihr Restaurant sollte sogar einen Stern bekommen. Seither trat sie in einer Kochshow im Fernsehen auf. Die beiden Schwestern stritten oft. Für Katrin war Helene nie wirklich für sie da. Sie erwartete ständig mehr, als die große Schwester ihr geben konnte und wollte. Die Rolle der Ersatzmutter genoss Helene zwar, lehnte sie gleichzeitig aber auch energisch ab.

Es war heißer Sommer, als Katrin den letzten Tag mit ihr erlebte. Alles begann wieder einmal mit dem Mobiltelefon ihrer Schwester, die kurz bevor sie losfahren wollten einen Anruf bekam von einem renommierten Restaurantkritiker, der seinen lange geplanten Testbesuch in ihrem Restaurant um eine Woche vorverlegen wollte. Die Chance, als erstes Restaurant in Nordwestmecklenburg einen Stern zu bekommen, wollte Helene auf keinen Fall vermasseln - natürlich musste sie umgehend mit ihrem Küchenchef und diversen Lieferanten sprechen, die Reservierungslisten überprüfen...

Katrin wurde richtig wütend, rastete regelrecht aus. Nach heftiger Auseinandersetzung gelang es ihr schließlich, Helene davon zu überzeugen, notwendige Anrufe rasch zu erledigen und anschließend ihr Handy zuhause zu lassen. Einmal ein Zusammensein am Strand ohne Störung, ohne Unterbrechung.

Es wurde ein schöner Tag, voller Aufrichtigkeit und Intimität. Vielleicht war es sogar ihr schönster.

Mit Decke und Picknickkorb ausgestattet ließen sie sich am Strand nieder, weit weg von den Touristen. Sie waren allein und ungestört, die Sonne schien, der Wind blies sanft, die Wellen plätscherten und Helene erzählte von einem Mann, den sie vor längerer Zeit kennengelernt hatte, mit dem sie sich tatsächlich irgendwann vielleicht sogar ein Zusammenleben vorstellen könnte.

»Und stell dir vor, gestern Abend, nach dem er für mich gekocht hat, da hat er mir einen Antrag gemacht. Ganz klassisch: vor mir auf die Knie, Blick zu mir hoch, liebe Helene, ich liebe dich über alles und ich will dein Mann werden, heiratest du mich?«
Katrin starrte ihre Schwester entgeistert an.

»Ja und? Sag schon, was hast du geantwortet?«
Noch ein kleiner Moment, in dem Helene ihre Schwester mit einem gespielt ausdruckslosen Blick auf die Folter spannte, dann öffnete sie demonstrativ langsam den Deckel der Kühlbox...
»Tatatataaa.....!«

...holte zwei Flaschen Champagner hervor und strahlte Katrin überglücklich an.

Die beiden Schwestern umarmten sich und feierten.

Sie blieben viel länger am Strand als üblich, redeten über ihre bisherigen Männer und Helene konnte endlich ihre Traurigkeit zum Ausdruck bringen, dieses Leben ohne eigene Kinder zu verbringen.

Es war schon später am Abend, als die beiden angeheitert vom Champagner endlich aufbrachen, glücklich und froh einander zu haben. Alles Wichtige war gesagt, nun mussten sie zurück. Im Grunde war keine von beiden mehr fahrfähig. Helene wollte die Verantwortung übernehmen, aber Katrin bestand darauf, das Steuer in der Hand zu behalten.

Über die dunkle Landstraße ging es zurück. Beschwingt, vergnügt, ausgelassen sangen die beiden lauthals im Duett die Lieder ihrer Jugend mit, die aus den Lautsprechern des CD-Players erklangen. Karat, Pudhys, City. Über sieben Brücken musst du gehen. Einmal wissen, dieses bleibt für immer. Uns hilft kein Gott, unsere Welt zu erhalten. Der Albatros kennt keine Grenzen, er fliegt um die Erde...

Helene löste den Sicherheitsgurt und beugte sich singend nach hinten, um aus der Kühlbox auf dem Rücksitz noch den Piccolo zu holen...,

»Der Albatros kennt keine Grenzen, er segelt mit Würde, durchwandert die Lüfte, als wär' er ein

Gott...«

...da platzte ein Reifen, Katrin verlor die Kontrolle, der Wagen geriet ins Schleudern, prallte frontal auf einen Baum und Helene wurde durch die Windschutzscheibe geschleudert.

Durch den Airbag vom Schlimmsten verschont war Katrin für einen Moment vom Schock gelähmt. Bis sie sich aus dem Auto quälen konnte zu ihrer Schwester, die wimmernd mit blutüberströmtem Gesicht am Rande des Ackers lag und unter entsetzlichen Schmerzen im Bauchraum litt. Katrin griff in ihre Tasche, um 112 anzurufen - sie hatte das Mobiltelefon nicht dabei!

Verzweifelt schrie sie in die dunkle, stille Nacht hinein. Kein Mensch konnte sie hören. Mutterseelenallein war sie mit ihrer verletzten Schwester. Hastig kramte sie den Erste-Hilfe-Kasten hervor, wusste nicht, wie man ihn öffnen musste, fummelte hilflos an ihm herum. Schließlich war er offen. Sie starrte auf die zahlreichen Mullbinden und Pflaster, ohne zu wissen, was sie brauchte, um die starke Blutung an der Nase ihrer inzwischen bewusstlosen Schwester zu stoppen. Da hörte sie, wie sich ein Auto näherte. Das war die Rettung. Sie sprang mitten auf die Straße, winkte verzweifelt mit den Armen, Blut lief ihr am Hals herunter.

Es war wie in einem schlechten Horrorfilm. Mitten im schwarzen Nichts schrie eine Frau um Hilfe, die andere lag in ihrer zunehmend größer werdenden

Blutlache - und das sich nähernde Auto, die mögliche Rettung für das Leben der Schwester, dieses Auto, das fuhr einfach vorbei. Ohne zu halten! Es war unfassbar, sie musste sogar zur Seite springen, sonst wäre sie überfahren worden. Ohne einen Gedanken an das herzlose Arschloch zu verschwenden, rannte sie zu ihrer Schwester zurück, beugte sich zu ihr und konnte doch nichts tun. So gut es ging, hielt sie mit der Hand Helenes Blutung im Gesicht zurück und hoffte, wartete. Handlungsunfähig. Es dauerte über zwanzig Minuten. Sie war dem Zusammenbruch nahe, da kam das nächste Auto vorbei. Die Fahrerin hielt und griff sofort zu ihrem Telefon. Nach einer gefühlten Unendlichkeit traf der Rettungswagen ein. Der Notarzt begann gezielt mit der Untersuchung. In dem Moment, in dem er vorsichtig Helenes Bauchraum nach inneren Verletzungen abtastete und einen möglichen Milzbruch diagnostizierte, erlag sie ihrer inneren Blutung.

Der Arzt sprach mit mitfühlender Stimme. Seine Aussage war klar und präzise. Zwanzig Minuten eher und mit präzisen Angaben über den Unfallhergang wäre der Rettungshubschrauber aus Hamburg angefordert worden, der Katrins Schwester rechtzeitig zur Notoperation ins Krankenhaus hätte fliegen können. Zwanzig Minuten.

Mit Tränen in den Augen lehnt sie sich an ihn,

Geborgenheit suchend. In dem Moment, in dem er seinen Arm um sie legt, begreift sie es. Es ist das erste Mal. Dass sie über den letzten Tag mit ihrer Schwester redet. Sie kauert mit ihm neben dem Höhenweg in einer kleinen sandigen Mulde auf dem Boden, hinter ihnen ein stacheliger Sanddornbusch, der etwas Schutz bietet vor der senkrecht zum Strand abstürzenden Lehmwand. Der Wind heult ihr Leid sirenenartig durch die verästelten Zweige. Minuten verstreichen, bis sie weiterspricht. Minuten, in denen der Schmerz über den Verlust ihrer Schwester stumm in ihr schreit.

»Es war meine Schuld. Das mit dem Handy werde ich mir nie verzeihen. Keiner weiß davon. Ich wollte einfach vergessen. Für immer.«

Erwartungsvoll, beinah flehend schaut sie ihn an, hilft er ihr denn nicht? Sein Blick starr in die Ferne gerichtet zeigt er keinerlei Reaktion.

»Sag doch mal was. Bitte.«

Schweigend erhebt er sich, plötzlich und unvermittelt, reicht ihr entschlossen und etwas ruppig die Hand. Ohne sie dabei anzusehen. Sie traut sich nicht zu widersprechen, nimmt beim Aufstehen seine Hand zur Hilfe und gemeinsam gehen sie weiter.

Der Höhenweg windet sich direkt und ungeschützt an der Steilküste entlang. Das platte Land mit ausgedehnten braunen Feldern und vereinzelten, in der Ferne liegenden Häusergruppen zur linken, rechts der steile Abhang, der menschenleere Strand und bis zum Horizont das dunkle Meer, auf dem kein einziges Schiff zu sehen ist. Über allem der graue, konturlose Himmel. Die beiden Wanderer in rot und blau leuchten grell in der unendlichen Weite der Landschaft.

Sie ist erleichtert, als er endlich mit ihr spricht.

»Darf ich etwas fragen?«

Natürlich darf er.

»Du warst sieben Jahre lang nicht mehr hier?«

Sie nickt.

»Wieso bist du heute hergekommen, was ist passiert?«

Ein geheimnisvolles Lächeln umspielt ihre Lippen. Sie erinnert sich, wie sie auf dem Weg ins Schloss in Grevesmühlen am Bahnhof vorbeikam und ihn sah. Er stand vor den Busfahrplänen am Bahnhofsvorplatz, ohne sie zu bemerken. Obwohl ihr Rad auf dem alten Kopfsteinpflaster mächtig laut rasselte. Sie stieg ab, lehnte das Rad an einen Baum und setzte sich auf die von der Kreissparkasse gestiftete Bank, um ihn zu beobachten. Gut sah er aus. Feinfühliges Gesicht, markante Wangenknochen, breit wirkende Schultern, so stand er da, vertieft in das Studium der Fahrpläne. Als der Bus kam, in den er einstieg, wusste sie wohin er wollte und ging zum Taxistand.

Schweigend geht sie weiter. Er folgt. Sie schaut zu ihm auf, lächelt ihn an. Wie wohltuend es ist, ihn an ihrer Seite zu haben. Er beginnt eine Argumentation, die sich logisch und vernünftig anfühlt, fast schon unangenehm sachlich.

»Du musst dich nicht schuldig fühlen.«

»Aber...«

»Ich habe gelernt zu verstehen, dass bei dem, was man macht, die Motivation mehr zählt als alles andere. Du hast doch deine Schwester überzeugt, ihr Telefon zuhause zu lassen, damit ihr beiden ungestört sein könnt, damit ihr euch wirklich aufeinander einlassen könnt. Daran ist nichts Anstößiges. Du wolltest das Beste für euch beide."

»Ja. Naja, eigentlich habe ich nur an mich gedacht.«

»Du warst also... egoistisch.«

»Ich weiß nicht, sie fühlte sich ja nie gestört, wenn mitten in einem schönen Gespräch ihr Telefon klingelte.«

»Sicher?«

Katrin muss überlegen.

»Gut, manchmal war sie schon etwas genervt oder danach mit ihren Gedanken woanders. Ich auf jeden Fall bin oft schon beim Ertönen ihres Klingeltons böse geworden, hab mich beschwert und ihr Vorwürfe gemacht. Sie hat mir dann immer vorgehalten, ich denke nur an mich und...«

»Auf jeden Fall hat sie es beim letzten Mal akzeptiert.«

»Wir haben uns erst mal gestritten. Genau genommen hab ich eine fürchterlich peinliche Szene gemacht.«

»Okay, ihr hattet Streit. Dann habt ihr ihn beigelegt, seid losgefahren und hattet eine gute Zeit miteinander. Zum ersten Mal ging es um sie. Hast du gesagt. Du konntest dich auf sie einlassen. Kein Klingeln hat gestört. Also hat es ihr vielleicht sogar geholfen, nicht erreichbar zu sein für andere. So konnte sie dir offen von dem Mann erzählen, den sie liebte. Du wolltest kein Telefon am Strand und du wusstest warum.«

So klug und überzeugend er auch argumentiert und sie versteht seinen Gedankenansatz sehr genau, ihr Herz spricht eine andere Sprache. Dennoch, sein Engagement für sie, seine Entschlossenheit, die offenbar keinen Widerspruch duldet, beeindruckt sie. Er gibt sich so viel Mühe mit ihr. Schade eigentlich. So weit weg lebt er und dann auch noch in einem Kloster.

Der Höhenweg führt an einer Reihe dichter Büsche vorbei, die den aufkommenden Wind, der vom Meer heranweht, abhalten. Dahinter taucht ein kleiner Pfad auf, der den steilen Hang wieder hinunterführt. Ohne sich abzusprechen verlassen die beiden den Höhenweg und klettern hinunter zum Strand. Unten angekommen gehen sie weiter, wortlos und nebeneinander.

Bis ein kleiner Bach, der seinen Weg durch den Sand in die Ostsee gefunden hat, ein Hindernis darstellt. Jeder der beiden findet für sich eine schmale Stelle, wo man trockenen Fußes den Bach überqueren kann. Danach kommen sie wieder zusammen und setzen ihren Gang fort. Vor und hinter ihnen kein Mensch. Kein Haus in Sicht. Katrin fühlt sich ein wenig wohler, als wenn sich ein Teil ihrer jahrelangen Last langsam auflöst.

»Eine Frau darf einen Mönch nicht berühren, stimmt's?«

In einem Anflug von Heiterkeit pufft sie ihn mit dem Finger provozierend in die Seite. Er krümmt sich, denn sie hat eine kitzlige Stelle erwischt. Und er ist verdammt kitzlig.

»Wie hoch ist meine Strafe?«

Sie will ihn erneut stupsen, doch er weicht geschickt aus und rennt ein Stückchen vor. Katrin eilt ihm hinterher. Sobald sie aufgeschlossen hat, gehen sie wieder langsamer. Plötzlich wird sie abrupt am Arm festgehalten, er deutet in den feuchten Sand - und sie sieht einen Krebs, der auf dem Weg ins Wasser beinahe von ihr zertreten worden wäre.

»Das war knapp.«

»Du hast mich angefasst.«, sagt sie amüsiert, mit gespielt vorwurfsvollem Tonfall.

»Die Motivation ist entscheidend.«

»So, so, schon wieder.«

»Ja. Was macht eine Tat gut oder schlecht? Doch

nicht ob sie wichtig oder unwichtig ist, sondern ob sie dem anderen schadet oder hilft und die gute oder schlechte Absicht, die dahinter steht.«

»Und du entscheidest, was gut oder schlecht ist.«

Katrin grinst. Tenpa ignoriert ihre Spitze und erzählt.

»Ein alter und ein junger Mönch müssen auf dem Weg zu ihrem Kloster die Furt eines Flusses überqueren. Eine junge Frau, die auch auf die andere Seite muss, kann den Fluss nicht durchschreiten, weil sie am Fuß verletzt ist. Der alte Mönch nimmt die Frau huckepack, trägt sie über den Fluss und setzt sie dort ab. Die Frau bedankt sich und die beiden Mönche gehen weiter.«

»Wo ist die Pointe?«

»Nach einer Zeit sagt der junge Mönch vorwurfsvoll zum alten, du hast eine Frau berührt! Der Alte antwortet, ja, aber ich habe sie am Ufer abgesetzt, während du sie immer noch mit dir rumträgst.«

Sie nickt anerkennend.

»Nicht schlecht.«

Während des Gesprächs sind sie langsam nebeneinander her spaziert. Die schroff abfallenden Steilhänge mit ihren umgerissenen Büschen und abgestürztem Lehm verändern sich nach und nach zu einem sanften Hügel, der mit einer geschlossenen Buschreihe bepflanzt wurde und den Ostseestrand weniger wild und geradezu harmonisch erscheinen lässt.

Schweigend gehen sie über den schnurgeraden endlosen Strand. Ihre gerade aufkeimende gute Laune schwindet und düstere Gedanken ergreifen erneut von ihr Besitz. Für immer schuldig. Ihr Blick verfinstert sich. Er argumentiert weiter.

»Erinnerst du dich? Gestern Morgen haben wir über die Realität gesprochen, die immer so ist, wie wir sie sehen. Und von dem universellen Gesetz von Ursache und Wirkung.«

»Ich bin schuldig und das kannst auch du nicht ändern.«

Den Blick trotzig nach vorne gerichtet meidet sie es, ihn anzusehen.

»Es gibt auch andere Auslöser, andere Ursachen, für das Unglück deiner Schwester.«

»Und wenn schon.«

»Stell dir zum Beispiel vor, der Reifen wäre nicht geplatzt und das Auto nicht auf den Baum geprallt, dann wäre deiner Schwester nichts passiert. Da könnte ich jetzt folgern, der Reifen ist Schuld bzw. der, der ihn hergestellt hat. Oder derjenige, der etwas Spitzes auf die Fahrbahn geworfen oder dort einfach verloren hat; oder wenn kein Baum an der Straße gestanden hätte, wenn die, die die Straße gebaut haben, den Baum gefällt hätten. Dann wären diejenigen verantwortlich, die für den Erhalt von Bäumen an Landstraßen eintreten. Oder angenommen, deine Schwester hätte sich nicht abgeschnallt, um den Piccolo zu holen; dann wäre sie

161

selbst Schuld, oder gar der Mann, in den sie verliebt war, wegen dem ihr überhaupt Champagner getrunken habt. Es gibt so viele Dinge, die zu dem Unfalltod deiner Schwester beigetragen haben.«

Langsam hat sie genug von seinen klugen Argumenten.

»Was nützt mir das? Sie ist trotzdem nicht mehr da.«

»Ja, das ist traurig, das tut weh.«

»Da können deine Argumente auch nicht helfen.«

Nach einer gefühlten Ewigkeit setzt er nach.

»Du hast sie sehr geliebt, sie war sehr wichtig für dich. So ein plötzlicher Tod ist schrecklich, natürlich. Ich möchte dir nur sagen, dass du diese Schuldgefühle nicht haben musst. Die nützen nicht.«

Beide sind stehengeblieben. Traurigkeit bricht sich erneut Bahn, die Augen werden feucht, sie sucht seinen Blick, doch der ist merkwürdig fremd, unheimlich weit weg, sie will seine Augen nicht sehen, wendet sich misstrauisch ab. Er will weitersprechen, doch sie kommt ihm zuvor.

»Lass mich in Ruhe!«

Stumme Tränen laufen ihr über die Wangen, sie dreht sich von ihm weg, will sich nicht stören lassen in ihrem Schmerz. Er macht einen Schritt auf sie zu, sie weicht zurück. Sie will nicht. Dabei will sie doch, was ist denn los mit ihr? Es dauert, bis sie die kalten Tränen aus dem Gesicht wischt.

»Rede weiter.«

»Wenn du es einfach loslassen könntest, es ist doch nur ein Gefühl, das dir nicht hilft und deiner Schwester auch nicht. Du wolltest ihr Handy nicht dabei haben und deine Motivation dafür war gut. Hör auf dich zu quälen.«

In ihrem Gesicht mischt sich Trauer mit liebevoller Zuneigung. Ganz plötzlich, wie wenn in ihrem tiefsten Innern angekommen wäre, was er ihr sagen will, umarmt sie ihn heftig, gibt ihm einen schnellen Kuss auf die Wange, entschuldigt sich, rennt davon, bleibt stehen, dreht sich um, lächelt, wartet. Er setzt sich langsam in Bewegung. Bald steht er vor ihr und ein hoffnungsfroher Gedanke blitzt in ihr auf.

»Wenn ich mir nicht mehr diese schrecklichen Vorwürfe machen muss, kann ich vielleicht irgendwann nachts wieder sehen.«

»Du siehst nichts im Dunkeln?«

»Seit dem Unfall. In der Dämmerung ganz schlecht und wenn es richtig dunkel ist, praktisch nichts. Nachtblind heißt das. Eigentlich wird das gar nicht psychisch verursacht, sondern ist angeboren oder kommt durch Krankheit. Ich hatte vorher aber nie was an den Augen. - Du hast übrigens total recht. Es gibt so viele Ursachen. Stell dir mal vor, das erste Auto hätte gehalten. Ein grüner Ford war es, mit einem Mann am Steuer. Er hätte rechtzeitig den Notarzt anrufen können und meine Schwester wäre noch am Leben.«

Scharf blickt sie ihn an.

»Diesem Ungeheuer möchte ich nicht mal am Tage begegnen.«

ACHT

Die Wunde in seinem Innern ist aufgeplatzt. Während er Katrins Geschichte zugehört hatte, war die Erinnerung schleichend zurückgekehrt. Erst nur bruchstückhaft diffus, tief im Bauchraum. Das ungute Gefühl, es wurde schließlich stärker, nahm an Deutlichkeit zu. Der Schleier lichtete sich. Ob er wollte oder nicht.

Die dunkle Landstraße rückte näher.

Mit zunehmender Geschwindigkeit.

Unfähig eine Regung zu zeigen, dröhnte es in seinem Innern, unerträglich laut.

Schuldig.

Zunächst war es ihm gelungen, von sich abzulenken. Indem er plausible Erklärungen präsentierte, warum sie keine Schuld habe.

Aber seine eigene Motivation? Ihren verzweifelten Hilfeschrei damals zu ignorieren und nicht zu helfen? Warum war er an Katrin und ihrer verletzten

Schwester vorbeigefahren?

Warum?

Unterlassene Hilfeleistung mit Todesfolge. Rücksichts-losigkeit. Purer, ignoranter Egoismus. Kompromisslos und feige hatte er nur sich gesehen und sich in seinem elenden Jammertal tränenüberströmt gesuhlt.

Es zerreißt ihn, droht ihn innerlich aufzufressen. Wie soll er sich nur erklären? Tenpa zermartert sein Hirn. Vergeblich.

Die Erinnerung hatte er getilgt. Weil er es nicht ertragen konnte, so ein gottverdammtes Arschloch zu sein, bei dem sein natürlich angeborenes Einfühlungsvermögen selbstverursacht ausgesetzt hatte. Löschtaste. An den schwärzesten, empathie-freiesten Moment seines Lebens. Wie hätte er sonst seelenruhig nach Asien fliehen können, um es sich in einem neuen Leben bequem zu machen. Während seiner monastischen Ausbildung legte er sich Martinas Ablehnung als Auslöser für seine Flucht ins Kloster zurecht. Als Überlebensstrategie. Um sich selbst auszuhalten. Sieben Jahre lang.

Wenn Martina das wüsste. Mit vollem Recht würde sie sich abwenden von ihm. Konsequent und voller Verachtung. Wie sie es bei ihrem Verlobten getan hatte. Laut brüllt es in seinem Innern, der Mund staubtrocken bleiben die Tränen im Hals stecken. Beinah ein Mörder!

Während er neben Katrin her ging durch den Sand, brodelte es in ihm. Während er sich feige bemühte klug zu argumentieren. Er kann nicht mehr, er hält es nicht aus, hält sich nicht aus, das ganze nie enden wollende Elend dieses verdammten Lebens, weglaufen will er, vor ihr, vor sich selbst, für immer, er wusste eben, warum er das Kloster nicht verlassen wollte, dass es nicht gut gehen würde in der 'gewöhnlichen' Welt, kein Wunder, wie es sticht im Magen, das Herz, es flattert, die Gesichtsmuskeln zucken und er will es sich doch nicht anmerken lassen. Dabei findet er sie so bezaubernd, die erste Frau nach Martina, die er begehrt und er hat solch entscheidenden Anteil an ihrem Leid.

Noch ahnt sie nichts von seiner Verantwortung. Es ist klar, sie muss es erfahren, das ist ihr gutes Recht. Sie sieht ihn als ehrlichen Mann, da kann und darf er sie nicht enttäuschen. Wenn er es ihr aber sagt, wird sie furchtbar entsetzt sein, was für ein Zombie er war und immer noch ist. Andererseits, ist es nicht eine Frage des Anstandes, ihr auf der Stelle und ohne wenn und aber reinen Wein einzuschenken?
Klar, er wird es ihr sagen. Er muss es ihr sagen. Er will es. Weil sie ein Recht hat auf die Wahrheit. Aber wenn er es ihr in diesem Moment direkt und ohne Umschweife an den Kopf knallt, entledigt er sich doch nur seines schlechten Gewissens. Das wäre egoistisch. Wie damals auf der Landstraße. Nur an

sie darf er jetzt erst mal denken. Was hilft ihr. Das ist das einzige, das jetzt zählt. Ihr jetzt schonungslos seine Mitverantwortung, seine Schuld, zu beichten, das kann er ihr nicht antun, in diesem Moment, in dem sie ihm voller Aufrichtigkeit ihren tiefsten Schmerz anvertraut. Er ist in diesem Moment ihr einziger Vertrauter. Das will und darf er nicht zerstören.

Oder legt er sich das alles nur zurecht?

Weil er aus Feigheit seine Schwäche nicht zeigen kann, so wie er es bei Martina nicht wollte, bei der er den Moment der Wahrheit für immer verpasst hat? Will er vor Katrin nur nicht als der Herzlose dastehen, der Unmensch, der ausschließlich sich sieht und lediglich das zarte Pflänzchen der Zweisamkeit weiter gießen will, das gerade zwischen ihnen wächst? Minutenlang zirkulieren konkurrierende Gedanken wüst in seinem Kopf herum, schließlich dämmert Klarheit auf und er trifft eine Entscheidung.

Wenn der richtige Moment gekommen ist und sie ihm gestärkt erscheint für seine schreckliche Wahrheit, wird er mutig weise mitfühlend klipp und klar damit herausrücken. Unabhängig von den Konsequenzen. Das jedenfalls nimmt er sich vor.

Er will es hinter sich bringen, er kann nicht mehr, es muss jetzt raus, egal, richtig oder nicht, es tut mir leid, ich bin das Ungeheuer, der Hauptschuldige, ich habe den grünen Ford gefahren.

167

Kein Wort bekommt er heraus. Kein einziges. Er kann ihr nur stumm in die Augen schauen. Voller schuldbewusster Angst, weil gleichzeitig furchtbar verliebt. Sein Blick löst Verunsicherung in ihr aus, so eindringlich hat er sie bisher noch nie angesehen. Sie wendet sich ab. Und kann deshalb nicht sehen, wie eine einsame Träne seine Wange hinunterläuft.

Wortlos gehen die beiden weiter, jeder in seinen Gedanken. Zunehmend wird der feine Sand abgelöst durch größer werdende Kiesel, die für ihn das Gehen wieder beschwerlicher werden lassen. Irgendwann bückt sie sich und beginnt, flache Steine aufzusammeln. Sie greift einen davon und schleudert ihn flach über die Wasseroberfläche. Der Stein hüpft zweimal, bis er fällt. Sie blickt ihn aufmunternd an. Kinderspiele. Er ist einverstanden, nimmt auch einen flachen Stein und macht es ihr nach. Er schafft drei Aufsetzer, bevor der Stein ins Wasser plumpst. Nacheinander flitzen die Steine hüpfend übers Wasser, bis sie fallen. Katrin wirft ihren letzten Stein. Er wirft seinen letzten Stein. Sie klatscht vergnügt in die Hände.

»Sieger«, triumphiert sie und schaut sich suchend um.

Etwas weiter entdeckt sie kleine Türme aus übereinander gestapelten Steinen im Sand und rennt darauf zu. Er folgt ihr langsam.

»Komm, wessen Turm zuerst einstürzt, hat verloren.«

Sie fängt an, mit kindlicher Begeisterung umliegende, möglichst flachere Steine zusammenzusammeln. Schweren Herzens tut er es ihr gleich. Immer zeitgleich stapeln sie jeder einen Stein. Ganz vorsichtig, Stein für Stein, werden die beiden Haufen immer höher, geraten ins Wanken. Sein Steinhaufen stürzt als erster zusammen. Sie lacht. Ohne ahnen zu können, dass er gerade von seinen Schuldgefühlen innerlich verbrannt wird.

»Ich war's«, sagt er plötzlich und unvermittelt.

»Wer?«

»Ich war am Steuer des Fords und bin vorbeigefahren.«

»Klar, du bist mal kurz aus dem Kloster gekommen, um an mir vorbeizufahren. Lass es, du hast mir genug geholfen.«

»Katrin, ich meins ernst.«

Sie legt einen letzten Stein auf ihren Haufen, richtet sich auf, blickt ihm fest in die Augen.

»Ich weiß, immer die Verantwortung auf sich nehmen, immer die zweite Backe hinhalten, für alles Leid in der Welt. Aber zum Narren halten kann ich mich selbst.«

Sie wendet sich ab, geht einfach weiter. Ihm bleibt nichts anderes übrig, als ihr zu folgen. Stumm laufen die beiden nebeneinander her. Während er fieberhaft überlegt, wie er einen zweiten Anlauf starten könnte.

»Was sagen eigentlich Buddhisten zu Ehebruch?«

Überrumpelt von ihrer Sprunghaftigkeit starrt er sie an, als sie detailliert erzählt, wie sie ihren Mann mit der blonden Frau gesehen hat. Er hört geduldig zu und fragt sich insgeheim, warum sie ihm den angenommenen Seitensprung ihres Mannes so ausführlich darlegt.

»Hast du ihn zur Rede gestellt und gefragt?«

»Habe ich nicht.«

»Du hast gesehen, wie sie sich geküsst haben?«

»Nein, aber wie sie ihm hinterhergefahren ist, da wusste ich Bescheid.«

»Und?«

»Was meinst du?«

»Kennst du sie?«

»Nein, wütend hab mich betrunken.«

»Ich glaub, du liebst deinen Mann.«

Da schwingt fast eine Enttäuschung mit in seiner Stimme. Sie kontert.

»Woher willst du das wissen?«

Er bleibt plötzlich stehen, weiß nicht wieso, hat nun wirklich nicht den geringsten Grund, es ist widersinnig, aber er muss auf einmal lachen. Es kommt einfach, eine befreiende, völlig überdrehte Albernheit. Der Mönch redet mit der verheirateten Frau über Ehebruch. Dafür ist er nun wahrlich kein

Experte. Weder hat er Erfahrungen mit Ehe und Bruch, noch ist er im Kloster so weise geworden, auf jedes gewöhnliche Problem eine kluge Antwort zu haben. Sie versteht nicht, warum er lacht. Aber sie lacht mit. Wie schön ist es, gemeinsam zu lachen.

»Wie kommst du darauf, dass er mit ihr geschlafen hat?«

»Tenpa!«

»Was denn?«

»Du hast echt keine Ahnung von Frauen.«

»Mag sein, aber dafür versteh ich etwas von Logik. Also, wenn sie fröhlich auf ihn einredet und er reagiert nicht, folgt daraus nun wirklich nicht zwingend, dass...«

»Gut, ich war nicht dabei, aber die Sache ist doch wohl klar. Sie ist blond und attraktiv und...«

»... du klein und hässlich«, unterbricht er sie und grinst.

»Vielen Dank.«

Sie spielt die Beleidigte und will ihm in die Seite puffen, doch er bückt sich blitzschnell und bespritzt sie dafür mit Wasser. Sie schreit auf und versucht, es ihm gleich zu tun. Reaktionsschnell wirft er sich zurück. Auf keinen Fall soll Salzwasser mit seinen Gewändern in Berührung kommen. Er wehrt sich, indem er sie mit Sand bewirft. Sie versucht auszuweichen, stolpert, fällt rücklings und sitzt mit ihrem Po im feuchten Sand. Bevor sie wieder aufstehen kann, schlägt eine kleine Welle über sie.

Katrin schreit auf.

Kurz darauf gehen die beiden nebeneinander weiter über den Strand. Sie trägt einen Teil seiner Gewänder als Rock - es sieht beinah nach Partnerlook aus -, er hält ihre nasse Hose in der Hand. Weit und breit kein Mensch - nur zwei, die in scheinbar trauter Eintracht spazieren gehen.

Die Abendsonne schafft es, sich vorsichtig und schwach durch die milchig-graue Wolkenwand zu kämpfen und schenkt der tristen Landschaft einen sanften, rötlichen Schimmer, der sich auch in den Gesichtern der beiden Wanderer widerspiegelt. Mittlerweile ist es vollkommen windstill. Die kreischenden Möwen, die ab und an am Himmel ihre Kreise zogen, sind verschwunden. Die Ruhe in der Natur hat beinahe etwas Heiliges. Oder ist die Geräuschlosigkeit bedrohlich?

Trotz der Erschöpfung durch die lange Wanderung genießt sie die friedliche Geborgenheit an seiner Seite und stellt aus heiterem Himmel die nächste Frage.

»Im Schloss heißt es, du bist wegen einer Frau hier, die krank ist?«

»Sie ist gestern gestorben. Ich möchte umkehren.«

Sie weist auf die Entfernung hin, die sie seit Boltenhagen zurückgelegt haben. Viele Kilometer sind sie Richtung Westen gelaufen und sie wird es kaum schaffen, den weiten Weg zurückzugehen. Andererseits scheint es auch nicht sinnvoll, einfach weiterzulaufen. Sie kennt diesen Teil des Strandes nicht. Ob also in absehbarer Zeit ein Restaurant kommt, in dem sie etwas essen - erst jetzt merkt sie, wie hungrig sie ist - und ein Taxi rufen können, ist ungewiss. Sie hat keine Ahnung, wo sie gerade sind. Zudem hat ihr Handy seit dem Sturz den Geist aufgegeben. Offenbar ist dem Telefon die salzige Feuchtigkeit nicht bekommen.

»Warte mal kurz.«

Ohne sich zu erklären lässt er sie stehen und klettert über den buschbewachsenen Hang, um die Lage zu peilen. Ausgedehnte braune Felder, vereinzelt ein Baum mitten im Acker, ein unbefestigter Feldweg. Weit und breit kein Haus, keine Straße, kein Mensch. Sie kann ihn nicht sehen und er weiß das. Zum ersten Mal seit Stunden ist er allein, das Meer hinter der Büschen außer Sichtweite. Allein mit sich und seiner widerstreitenden Gedanken, Schmetterlings- und Schuldgefühlen, allein mit chaotischer Geschwätzigkeit im Kopf. In jedem aufgescheuchten Bienenschwarm herrscht Ordnung. In seinem Inneren nicht. Er schaut in die weitläufige Landschaft, die ihm in ihrer kommentarlosen Bewegungslosigkeit auch nicht helfen kann.

Eine Weile dauert es, bis er seinen Geisteszustand wahrnimmt und anfängt, die wahllos auf- und abblitzenden Gedankensplitter zu beobachten: Martina, Katrin, ihre Schwester, der Unfall, seine Flucht, das Kloster, seine Gelübde... Er schaut direkt

173

in seine Gedanken. In jeden einzelnen. Wie er es gelernt hat. Das hilft ihm, sich zu beruhigen und die tosenden Wellen in seinem Geist sanfter werden zu lassen.

Er kehrt zurück zum Strand. Er weiß, was zu tun ist und sie ist froh darüber.

»Wir gehen weiter.«

Sie setzen ihren Gang fort.

»Sie war deine Freundin, bevor du...?«

Er will darüber nicht reden. Also antwortet er mit einem stummen Nicken. Doch Katrin bohrt weiter, will wissen, wie Martina früher war. Als er in sie verliebt war. Er schafft es nicht sich zu verweigern und fängt an, erzählt von schönen Momenten auf unebenen Pisten und im griechischen Restaurant.

»Was war eigentlich dein Beruf?«

»Verkehrsplaner.«

Katrin muss lachen. »Fachgebiet Autobahnbau?«

Er schüttelt stumm den Kopf. Vielleicht ist es pure Neugier, vielleicht will sie ihn nur foppen, vielleicht fängt sie aber auch gerade an zu flirten, auf jeden Fall wendet er den Blick zur Seite, um sich nicht ihrem herausfordernden Blick aussetzen zu müssen. Sie lässt nicht locker.

»Wieso wird ein Verkehrsplaner, der sich in eine Taxifahrerin verliebt, Mönch?«

Wieso, wieso, wieso. Er will nicht reden. Er kann es nicht. Als Mönch darf er nicht lügen. Aber die Wahrheit sagen, jetzt einfach so, das ist unmöglich.

Also: Er reagiert nicht. Als wenn sie keine Frage gestellt hätte. Vielleicht will sie es ja gar nicht so genau wissen, bestimmt will sie jetzt nichts über ihn erfahren, das ihr nicht gefällt. Das redet er sich zumindest ein. Auf jeden Fall nimmt sie es hin, keine Antwort von ihm zu bekommen.

Inzwischen ist es dunkel und der Strand hebt sich nur schwach von dem Schwarz der Büsche auf dem Hügel und dem Schwarz des Wassers ab. Er hüllt sich bereits seit langer Zeit in Schweigen und betet heimlich und unmerklich dafür, den richtigen Moment zu finden, seine ganze Wahrheit offenzulegen. Währenddessen stolpert sie missmutig und frierend neben ihm her. Auf einmal hält er sie fest und zeigt nach vorne auf ein erleuchtetes reetgedecktes Haus. 'Strandparadies Zum Fliegenden Holsteiner - Restaurant und Pension'. Wie aus dem Nichts sind ihre Lebenskräfte wieder erwacht, ihre Hand findet seine und die beiden rennen auf das erleuchtete Haus zu.

Vor einer Woche war die feierliche Eröffnung und die geladenen Gäste aus der Hauptstadt und dem hohen westdeutschen Norden waren rundweg begeistert. Nun ist der gastronomische Alltag in dem nach Holz duftenden Haus eingekehrt. Aufgrund der ungünstigen Jahreszeit gibt es bisher nur wenige Gäste im Restaurant, die meisten von ihnen aus

175

Lübeck, von wo aus man in zwanzig Minuten mit dem Auto hier sein kann. Die Kunst der schleswig-holsteinischen Küche ihres kochenden Ehemanns kann die junge, frisch verheiratete Besitzerin leider nur Katrin servieren. Sie weiß nicht, warum der Mönch nichts essen möchte, doch sie ist aufgeschlossen genug, es nicht persönlich zu nehmen.

In dem holzgetäfelten Restaurant sitzen Katrin und Tenpa voreinander, wohlwollend und gleichzeitig staunend beobachtet von den Wirtsleuten und wenigen Gästen. Gerade serviert die Besitzerin das Holsteinische Salzwiesenlamm und wünscht guten Appetit. Katrin langt sofort kräftig zu. Tenpa trinkt einen Cappuccino und schaut ihr zu. Es ist unverkennbar, wie sehr es ihr schmeckt. Schade, dass sie nicht gemeinsam essen können.

»Was passiert, wenn du nach 18 Uhr isst?«

»Willst du das jetzt wirklich wissen?«

Sie winkt schnell ab und isst lieber weiter.

»Du bist bestimmt der perfekte Mönch.«

Will sie ihn herausfordern oder ist es ihr voller Ernst? Auf jeden Fall muss er auflachen. Während sie nicht versteht, was an ihrer Bemerkung lustig sein soll.

»Okay, im Studium der Texte bin ich ganz gut. Mein tibetisch ist auch nicht schlecht und meine Deutschkurse sind beliebt.«

»Kurse?«

»Den anderen Mönchen bring ich deutsch bei. Immer öfter kommen deutsche Gruppen, die das Kloster besichtigen.«

»Sag ich doch, du bist Vorbild.«

»Beim Einhalten der Gelübde bin ich 'Klassenschlechtester'.«

Das versteht sie nicht, also erzählt er.

Vieles, das er durch seinen Nachhilfelehrer Sangye verstehen lernte, rief in den ersten Monaten nach seiner Ordination Widerstände in ihm hervor. Eine Reaktion, die für Sangye nicht nur normal war, sondern geradezu notwendig, denn ohne Widerstände gäbe es schließlich keinen authentischen spirituellen Pfad. Im Buddhismus ginge es nicht um blinden Glauben. Sondern um ein gläubiges Vertrauen, das auf Vernunft basierte. Wie auch immer, Tenpa quälte sich immer wieder mit der Frage, ob ihm die Klosterregeln nicht alles wegnehmen wollten, was sein altes Leben ausgemacht hatte. Wenn die Dinge vergänglich waren, konnte er doch auch mal eine Zigarette rauchen oder ein Gläschen trinken. Dürfte er manchmal unvernünftig sein, würde es ihn bestimmt beflügeln, am nächsten Morgen um so eifriger zu praktizieren. Sangye hörte ihm aufmerksam zu, schwieg - und lächelte.

Nach zwei Jahren Klosterleben begann Tenpa, ab und an nachts aus dem Kloster reiß auszunehmen. Er fand einen indischen Bauern, mit dem er sich zwar nicht mit Worten verständigen konnte, aber bei dem er sich pudelwohl fühlte. Weil er Reisschnaps und Zigaretten bekam. Wortlos und stundenlang saßen die beiden auf kleinen Holzschemeln, Tenpa rauchte Selbstgedrehte und inhalierte genussvoll das herrlich Gefährliche. Rafni freute sich über die Freude des groß gewachsenen Mönchs aus Europa und schenkte ihm gerne nach. Weil er ihm auch zu Dank verpflichtet war. Bereits beim ersten Besuch hatte Tenpa das kaputte Moped entdeckt, das achtlos und verrostet neben einem Schuppen stand. Seine Bitte, es reparieren zu dürfen, stieß bei Rafni zunächst auf wenig Begeisterung, hatte er das zweirädrige Fahrzeug aus guten Gründen doch schon lange aufgegeben. Unnötig viel Geld war bereits geflossen für unfähige Handwerker, die erfolglos an dem alten Ding herumgefummelt hatten. Der Mönch bestand aber darauf, eine Chance zu bekommen und so konnte Rafni nicht nein sagen. Obwohl es ihm ein wenig unangenehm war, einen Mönch für sich arbeiten zu lassen. Man hätte ja denken können, er sei einer dieser typischen Geschäftemacher, die ausschließlich und zutiefst egoistisch nur ihren eigenen materiellen Vorteil im Blick hatten, sogar gegenüber Ordinierten, die traditionell von den Almosen der Allgemeinheit lebten. Nicht ohne Grund galten indische Händler bei buddhistischen Mönchen als wenig beliebt. Doch Tenpa die Bitte abzuschlagen war unmöglich.

Der Gast aus dem nahegelegenen Kloster benötigte exakt drei Besuche und der Motor des Mopeds sprang wieder an. Rafni war begeistert. Natürlich durfte der Mönch als erster fahren. Der ließ sich das nicht zweimal sagen, umarmte den Bauern, kletterte auf den löchrigen Sitz, brauste jauchzend los und kämpfte sich waghalsig über staubige Bergpfade. Rafni blickte ihm frohen Herzens nach und Tenpa wusste warum. Einen Mönch glücklich zu machen, war nämlich nicht nur ein schönes Gefühl. Sondern auch noch gut fürs Karma. Für Rafnis Karma.

Tenpa durfte wieder kommen. So oft er wollte. Alle paar Tage stahl er sich aus dem Kloster davon. Am nächsten Morgen kam er dann allerdings nicht immer rechtzeitig aus dem Bett und verpasste manchmal die Fünf-Uhr-Praxis.

»Am Anfang dachte ich echt, keiner merkt's. Bis mich irgendwann bei der wöchentlichen Bekenntnisrunde mein Meister...«

»Meister?«

»Ja.«

»Einer, der dir sagt, was du machen sollst und du machst es, auch wenn du nicht willst?«

»Erwecke ich einen unterwürfigen Eindruck?«

»Nein, nein...«

»Der Meister ist der, der die Lehre des Buddha vermittelt. Er ist so etwas wie der Telefonhörer zwischen dir und den Lehren. Naja wie auch immer, auf jeden Fall fragte er mich plötzlich, ob Rafnis Reissschnapps denn auch gut sei. Er wusste von meinen Ausflügen! Von Anfang an! Genauso wie alle anderen im Kloster.«

»Und? War die Strafe schlimm?«

Er schmunzelt amüsiert.

»Du hast heute schon mal von Strafe gesprochen.«

Als hätte er sie ertappt, blickt sie zu Boden.

»Ja... Ich bin ja auch hier groß geworden.«

Er könnte ihr vieles erklären über den Sinn der Gelübde, inwieweit man durch einen Gelübdebruch negatives Karma schafft und er deshalb verstanden hat, die Konsequenzen seiner Handlungen unabweislich über kurz oder lang zu spüren zu bekommen, weshalb es für eine von außen bestimmte Strafe für ihn keinen plausiblen Grund gibt. Er könnte auch von Reinigungspraktiken sprechen, die man ausübt, wenn man ein Gelübde gebrochen hat. Doch danach steht ihm nun weiß Gott nicht der Sinn.

Sie ist inzwischen mit dem Essen fertig. Die Kellnerin räumt ab und Katrin bestellt sich noch ein Glas Weißwein.

»Darf ich Ihnen auch noch etwas Gutes tun?«

Etwas verunsichert blickt er zu Katrin, die auflacht.

»Du musst nicht.«

Er schaut zur Kellnerin.

»Nein, vielen Dank.«

Er hält sich an seiner leeren Kaffeetasse fest, die

Erinnerung an die damalige Nacht auf der Landstraße blitzt in ihm auf. Er schweigt. Katrin mustert ihn, während sie an ihrem Weinglas nippt.

»Komisch, dass du überhaupt reisen durftest, um deinen 'Auftrag' zu erfüllen.«

»Wieso?«

»Naja, dein 'Meister' weiß doch sicher auch, dass es hier bei uns ganz andere Versuchungen gibt. Als Reisschnaps und Mopeds.«

Noch ahnt er nicht, worauf sie hinaus will.

»Er sagt, die Synthese von weltlich und spirituell ist nicht möglich.«

»Hat er verboten, es zu versuchen?«

»Verboten? Nein, da wird nichts verboten. Aber...«

»Vielleicht war ja Martina nur der Anlass deiner Reise. Und dein Chef hat dir einen Auftrag gegeben, von dem du gar keine Ahnung hast.«

Triumphierend stellt sie das Weinglas ab und verschränkt die Arme vor der Brust. Als wenn sie ihn nun endgültig überführt und damit den Beweis angetreten hätte, wer von ihnen beiden eindeutig der Schlauere sei. Gespannt ist sie, was jetzt von ihm kommt.

Das Wort sticht tief in sein Herz.

Auftrag.

Der Auftrag seines Meisters.

Die Antwort liegt auf der Hand. Von Tenpas unterlassener Hilfeleistung mag sein Meister vielleicht nichts wissen. Aber in seiner allumfassenden Weisheit ist er fähig zu erkennen, dass in dem über die Zeit gespannten Geflecht von Ursachen, Bedingungen und Wirkungen nichts für immer verdrängt werden kann.

Urplötzlich und glasklar gibt es für Tenpa nur eine einzige Schlussfolgerung: Die Verdrängung negativer Taten ist letztendlich ausweglos. Seine Reise ist eine Prüfung. Er soll für sich selbst herausfinden, ob er fähig ist, seine damalige unterlassene Hilfeleistung zu erkennen, zu bekennen und zu bereuen. Und, ob der monastische Weg der richtige ist für ihn. In aller Aufrichtigkeit: Will er wirklich den Rest seines Lebens im Kloster verbringen?

Tief unten im Fluss seiner Gedanken meldet sich - und er will es nicht wahrhaben - die Idee, die ungeheuerlich ist und keinerlei logischen Sinn ergibt und doch ist sie da, so sehr er sich auch dagegen wehrt, denn da ist Angst, Angst eine falsche Entscheidung zu treffen, eine unumstößliche, die nie wieder rückgängig zu machen ist, selbst wenn er sie danach als Irrtum erkennen müsste.

Er stellt sich in aller Deutlichkeit vor, wie er im Kloster in das Zimmer seines Meisters tritt, eine Verbeugung macht, sich im Schneidersitz vor ihn setzt, die Hände ehrfurchtsvoll hebt und darum bittet, seine Gelübde zurückgeben zu dürfen. Der Lehrer, der im Gegensatz zu seinem Schüler seit

Jahren dessen verborgenen Wunsch kennt, trotz aller erkenntnisreicher Erfahrungen im Kloster ins weltliche Leben zurückkehren zu wollen, schaut ihn eine gefühlte Ewigkeit an. Tenpa erwidert den Blick und begreift es in diesem Moment genau, mit dem Kopf und mit dem Herzen. Die freundlicher dunkelbraunen Augen des Meisters, das ist das Tor zur Verkörperung von Liebe und Mitgefühl. Geduldig wartet er ab. Schließlich lächelt der Meister unmerklich und Tenpa begreift, dass er seine Bitte erwartet hatte...

»Woran denkst du?«

Der Satz reißt ihn aus seiner Fantasie, holt ihn zurück nach Mecklenburg, er sieht sie an, da ist es wieder, dieses Lächeln, das seinen Puls erhöht, die Knie weich werden lässt und mit einem Mal weiß er, seine Idee ist tatsächlich ungeheuerlich. Aber sie ergibt Sinn.

»Dass du nicht mehr nachtblind bist. Oder? Hattest du große Schwierigkeiten, als die Sonne weg war?«

Sie schiebt ihre Rote Grütze mit Vanillesoße beiseite, legt den Löffel weg, starrt ihn an. Er hat recht. Sie hat es gar nicht bemerkt. Ein Lächeln umspielt ihre Lippen.

Es ist schon spät, als sie im blau gestrichenen Flur der Pension voreinander stehen und sich gute Nacht wünschen. Immer noch trägt sie einen Teil seiner

Roben als Rockersatz. Ihre auf der Heizung im Restaurant getrocknete Hose hält sie über dem Arm. Jeder wartet, dass der andere zuerst in sein Zimmer geht. Endlich nimmt er ihre Hand und streichelt sie.

»Tut mir leid.«

Rasch ist er in seinem Zimmer verschwunden. Die Tür fällt ins Schloss. Sie bleibt zurück in dem schmalen Flur. Unschlüssig befühlt sie den Stoff des Robenteils, starrt auf die gemalte Zimmernummer Acht, wendet sich ab, verschwindet in dem Zimmer, das direkt gegenüber liegt.

Bald ist sie zurück, in der Hand nun das geliehene Teil seiner Roben, denn sie trägt wieder ihre Hose, baut sich erneut vor seiner Tür auf, atmet tief durch, klopft. Er öffnet sofort, sie reicht ihm das geliehene Robenteil, er nimmt es. Kurze Stille.

»Kennst du den Film 'Das Apartment'? Mit Jack Lemmon und Shirley McLaine?«, fragt sie.

»Von Billy Wilder. Hab ich leider nie gesehen.«

»Da haben die zwei, die sich nie getraut haben, immer Karten gespielt. Entschuldigung.«

Sie küsst ihn auf den Mund und ist gleich darauf wieder in ihrem Zimmer verschwunden.

Er bleibt zurück im Flur. Staunend gleitet sein Finger über die geküssten Lippen. Erst jetzt nimmt er Notiz von den frischen Weidenzweigen, die in einer schmalen Vase auf der weiß lasierten, alten Bauernkommode stehen. Ein Weidenkätzchen streichelt er. Und verschwindet in sein Zimmer.

Mitten im Raum steht er, das zurückbekommene Kleidungsstück in der Hand. Ratsuchend blickt er die Wände an. Doch die können ihm auch nicht helfen. Ebenso wenig der liebevoll gerahmte Druck eines Seerosen-gemäldes von Claude Monet über dem Bett. Er muss selbst entscheiden. Er tut es, legt das verliehene Robenteil über eine Stuhllehne und streicht es glatt, um sich anschließend auf den Weg zu machen.

Sie liegt in Unterhemd und Jeans auf dem Bett und blickt zur Tür, die sie absichtlich nur angelehnt hat und sich nun durch seine Klopfbewegung knarrend öffnet. Er tritt ein. Im Türrahmen bleibt er stehen und schaut auf die Frau im Bett. Zögert er? Nein, er schließt die Tür, geht langsam auf sie zu, legt sich neben sie aufs Bett und nimmt sie in den Arm. Sie schmiegt sich an ihn. Als sie wahrnimmt, wie er zu ihrem halb freiliegenden Busen schaut, greift sie seine Hand und legt sie zärtlich auf ihre Brust.

Ihre Hand auf seiner Hand, seine Hand auf ihrem Busen - so liegen ihre Hände und sie bewegen sich nicht.

NEUN

Er starrt sie an, wie sie ruhig atmend schläft, eingemummelt unter der himmelblau karierten Bettdecke. Nur ihr Gesicht ist zu sehen. Die Matratze neben ihr fehlt und liegt gegenüber vom Doppelbett auf dem Boden. Hier hat er die Nacht verbracht. Ohne schlafen zu können. Er weiß sehr wohl warum. Es ist die Lüge. Seine Lüge. Wenn sie aufwacht, wird er mit der bitteren Wahrheit herausrücken.

Endlich, sie schlägt die Augen auf und lächelt ihn an.

»Guten Morgen. Wie hast du geschlafen?«, fragt er.

»Wie ein Murmeltier.«

Dabei versteht sie es gar nicht, nicht wirklich, noch nie hat sie Vergleichbares erlebt, nichts ist passiert, er war da, sie war da, eingeschlafen ist sie einfach, einfach so, in seinem Arm, sanft und weich, ohne Widerstand, ohne Wollen und das Begehren, die Sehnsucht, nach ihm, nach seiner Zärtlichkeit, die bereits während des Abendessens in ihr aufgekeimt war, transformierte sich auf einmal, wie von selbst, löste sich auf in Vertrauen, Vertrautheit, Geborgenheit. Frieden.

»Ich fühl mich so glücklich.«

Wie schön das wäre, wenn es bei ihm genauso sein könnte. Vor ihm liegt die Frau, mit der er die ungewöhnlichste Begegnung seines Lebens hat. Er weiß nicht so recht, wie er beginnen soll.

»Katrin, ich...«

»Ja?«

»Ich muss dir was erzählen.«

Schwungvoll schlägt sie die Bettdecke zurück und richtet sich auf. Bekleidet mit Hemdchen und knappem Slip, so blickt sie ihn an. Das Blut schießt ihm ins Gesicht.

»Jetzt will ich es auch endlich wissen.«

»Was?«

»Wieso du eigentlich Mönch geworden bist.«

Er rauft sich seine nicht vorhandenen Haare. Entschlossenheit will er zeigen, blickt in ihre Augen, um sich wenig später doch nur beschämt abzuwenden. Seine Finger reiben über den Teppichboden, als wenn es da einen Fleck gäbe.

»Das ist eine lange Geschichte.«

»Ich habe heute nichts vor.«

Sie springt aus dem Bett und setzt sich direkt neben ihn auf den Boden. Ihre nackten Beine berühren seine, die in Roben verpackt sind. Diese Berührung, das ist kein Zufall, das ist Provokation und soll es auch sein, keine Chance will sie ihm lassen, er soll erzählen, was sie hören will.

Er wendet sich ihr zu. Ganz nah sind sie sich, er kann ihren Atem spüren. Wie sehr Katrin und Martina sich ähneln, diese direkte, unbekümmerte Art, dieses Lachen, die wuscheligen schwarzen Haare, das alles fällt ihm erst jetzt auf.

»Also gut. Alles fing damit an, dass ich verliebt war. Zum ersten Mal.«

»In Martina.«

»Ja. Ich war aber schon... fünfunddreißig.«

»Da haben andere schon Trennungen hinter sich. Oder viele Kinder. Du warst schüchtern?«

Er nickt. Sie grinst.

»So ein richtig Verklemmter, der nie gezeigt hat, wie scharf er auf sie ist?«

Wieder ein Nicken. Gesenkter Blick. Die Hände zupfen sinnlos an seinen Roben herum. Die Morgensonne wirft von der Seite sanften Glanz auf die Gesichter der beiden.

»Sie wollte mich nicht.«

»Du hast nicht um sie gekämpft.«

»Wie kommst du darauf?«

»Wieso hast du dich nicht um sie bemüht?«

Schon wieder dieses 'wieso'. Schon wieder soll er outen, was sein Geheimnis bleiben soll.

»Ich weiß nicht..., ich..., ich glaub ich wusste nicht, wie das geht, um etwas oder jemanden zu kämpfen.«

»Aber das ist doch kein Grund, ins Kloster zu gehen, oder?«

»Nein, das - ist kein Grund, ins Kloster zu gehen.«

»Sondern?«

Kurze Stille.

»Wir gehen zum Strand.«

Tenpa steht auf, das ist ihm alles zu eng hier in

diesem gemütlichen Hotelzimmer, viel zu viel erotische Nähe und Geborgenheit, er will raus, er muss weg, nimmt die drei Schritte bis zur Tür, reißt sie auf, mit der Klinke knallt die Tür gegen die Wand, es hätte wie Flucht wirken können, wenn er sich nicht noch einmal zu ihr umgedreht hätte.

»Komm schon.«

Zwei Worte, ein vorsichtiges Bitten und doch gleichzeitig eine strenge Aufforderung. Ohne auf ihre Reaktion zu warten verschwindet er. Knurrend bewegt sich die Tür von der Wand zurück. In Zeitlupe. Ohne ins Schloss zu fallen.

Stahlblauer Himmel. Das Meer ist bewegt, es bläst ein kräftiger Wind. Zwei Angler ignorieren die dröhnenden Luftmassen und packen mit Bedacht und routinierten Handgriffen ihre Ausrüstung aus, um sich auf den großen Fang vorzubereiten. Klappstühle, Sixpack, Windfang. Angelruten, Angelrollen, Kescher, Köder.

Tenpa interessieren keine Angler. Schritt für Schritt geht er durch den feinen Sand auf die Wasserkante zu, ohne sich um die sonnige Weite des endlos langen Strandes zu scheren. In gebührendem Abstand bleibt er vor den brechenden Wellen stehen.

Als sie endlich neben ihm ankommt, sagt er es.

»Der Tag, an dem deine Schwester verunglückte, war der 25. August.«

Keine Reaktion. Versteht sie seine Botschaft auf Anhieb und will es nicht wahrhaben? Er dreht sich zu ihr hin, die Erinnerung an das Unverzeihliche erstickt jegliches Gefühl in seinem Herzen.

»Gestern wolltest du es nicht hören, aber ich bin das Ungeheuer, das vorbeifuhr. Am nächsten Morgen bin ich abgehauen, nach Asien.«

Sie offenbart nicht, was sie empfindet, schaut einfach nur in seine Richtung, in ihn hinein, durch ihn durch, an ihm vorbei.

Atemlose Stille.

Lärmender Wind.

Nach einer Weile wendet sie den Blick von ihm ab und starrt aufs Wasser. Er folgt ihr mit den Augen und setzt nach, mit tonloser Stimme.

»Ich habe deine Schwester liegen sehen, neben dem kaputten Auto, in ihrem Blut. Euer Schmerz, der war mir egal. Er tat sogar gut. Nicht zu helfen, Unschuldige zu bestrafen, indem ich sie in ihrem Elend allein lasse. Das war Genugtuung, Rache, Befreiung. Aus meinem Liebesfrust.«

Er verstummt. Ein Gedanke schießt hoch ins Bewusstsein, es ist eine Frage und er formuliert sie ohne zu reflektieren. Leise, nachdenklich, nüchtern.

»Hätte ich dich nicht sogar überfahren und damit deinen Tod in Kauf genommen?«

Sie schaut direkt in seine Augen, in denen sie sucht, was sie gleichzeitig nicht finden will. Weil sie es nicht ertragen kann.

Er senkt den Blick.

Ja, er hätte.

Sein Nicken ist klein, zu schwach um sichtbar zu sein.

Sie hat verstanden.

Seine schonungslose Aufrichtigkeit beeindruckt sie nicht. Nicht mehr.

Vor ihr steht nur deshalb kein Mörder, weil sie im letzten Moment zur Seite springen konnte.

ZEHN

Leicht, fröhlich - auf zu neuen Ufern, so begann ihr Tag, als sie erwachte. Zehn Minuten später war alles vorbei. Nun hält das Taxi nach längerer Fahrt vorm Bahnhof in Grevesmühlen und sie ist heilfroh, seine Nähe nicht mehr aushalten zu müssen. Ohne ihm nachzuschauen, wie er sich Richtung Bahnsteig begibt, nimmt sie ihr Fahrrad und radelt los. So schnell wie möglich weit weg. Von ihm.

Ihr Tritt in die Pedalen wird immer schneller, immer kräftiger stemmt sie sich auf dem unebenen Feldweg gegen den Wind, erhebt sich schließlich aus dem Sattel, den Oberkörper nach vorne gebeugt, um die

Energie effektiv einzusetzen, um schnell voranzukommen, um die Anstrengung in Beinen und Lunge zu spüren. Aus vollem Hals brüllt sie in die bewegte Luftmasse und trampelt immer aggressiver.

»Ungeheuer!«

Der Wind ergreift die vier Silben und trägt sie davon über die Wiese bis zum Waldrand. Kurz vor dem Bahngleis geht ihr die Puste aus. Sie lässt die Reifen rollen, ohnehin muss sie gleich absteigen. Anderson fällt ihr ein. Der ehemalige Parteisekretär kennt mit Sicherheit einen guten Rechtsanwalt, den sie um Rat fragen kann.

Kaum auf Schloss Glankow angekommen, sucht sie seine Nummer im Adressbuch und ruft ihn an. Erfreut, die Stimme der früheren FDJ-Genossin zu hören, nennt er ihr ohne Fragen zu stellen sofort einen befreundeten Anwalt, den sie kostenfrei um Rat fragen kann. Weil der gerne schönen Frauen hilft, die mit Anderson befreundet sind. Keine Zeit für schleimige Komplimente und Solidarität aus alten Zeiten bedankt sie sich kurz und legt wieder auf. Wenig später hat sie den Rechtsanwalt am Apparat und kommt schnell zur Sache. Sie will wissen, nach wie viel Jahren eine unterlassene Hilfeleistung verjährt.

»Frau Rose, das kommt ganz auf die Umstände an. Entsprechend Paragraf 323c Strafgesetzbuch ist es im Allgemeinen nach drei Jahren verjährt.«

»Auch wenn jemand gestorben ist, weil ein anderer nicht geholfen hat?«

»Unterlassene Hilfeleistung mit Todesfolge? Das ist nach dem Gesetz am ehesten eine Aussetzung mit Todesfolge bei Strafdrohung nicht unter drei Jahren. Dann verjährt das Delikt erst nach zwanzig Jahren. Mögen Sie mir nicht erzählen, worum es geht?«

Nein, sie mag nicht. Plötzlich erschrocken über ihre rachsüchtigen Gedanken schüttelt sie stumm den Kopf und legt auf. Sekunden später klingelt das Telefon. Unschlüssig schaut sie auf den Hörer, denkt kurz nach, hebt ab, entschuldigt sich bei dem Anwalt, bedankt sich, legt wieder auf, da klopft es an der Tür. Rucksack, riesiger Ziehkoffer und mehrere Taschen, der kleine, untersetzte Mitfünfziger mit Nickelbrille stellt das viele Gepäck schnaufend vor ihr ab und kramt umständlich ein Papier hervor. Der Zeitmietvertrag für ein Atelier auf Schloss Glankow. Sechs Wochen will er sich geben, um auf eine gute Idee für einen neuen Roman zu kommen. Nur kann er Katrin mit dem Mietvertrag leider nicht überzeugen. Alle Ateliers sind belegt. Sie hat nichts für ihn. Da muss ein Fehler unterlaufen sein in der Planung. Der Mann lässt sich jedoch nicht beirren. Seine Selbstbewusstsein vortäuschende strenge Mimik will keinerlei Skepsis zulassen. Er wird sich offensichtlich von niemandem abwimmeln lassen. So weit hat Katrin kapiert.

193

Trotz oder gerade wegen der wütenden Enttäuschung im Bauch kommt ihr eine gute Idee und sie steht kurze Zeit später mit dem Literaten und seinem ganzen Gepäck in einem von Leitern, Tapeziertischen und anderem Malerwerkzeug chaotisch vollgestellten Raum. Beschmierte Wände, kaputte Dielen, herausgerissene Elektrik. Gegenüber dem hilfebedürftigen Schriftsteller lässt sie keinen Zweifel aufkommen. Dies ist seine einzige Chance, die sofortige Wiederabreise zu verhindern.

»Wasser gibt's in der Gemeinschaftsküche, eine funktionierende Toilette finden sie im Keller. Wenn Sie das Zeug hier rausräumen, gebe ich Ihnen drei Wochen mietfrei. Noch Fragen?«

Der Mann hat keine Fragen mehr.

Sie macht sich auf den Heimweg Richtung Grevesmühlen. Hatte sie tatsächlich geglaubt, in einem Mönch die Alternative finden zu können für ihre verkorkste Ehe? Fest entschlossen, keinen Platz für Traurigkeit in ihrem Herzen zur Verfügung zu stellen, quält sie das klappernde Rad über den Feldweg.

Vor der Haustür angekommen, läuft ihr Melanie in die Arme, die gerade weg will, weil sie in Hamburg ein WG-Zimmer gefunden hat. Eine Mutter hat keinen Grund zur Freude, wenn die Tochter sich anschickt sie zu verlassen, um ihr eigenes Leben zu leben. Und in diesem Moment sowieso nicht.

Melanie entgeht nicht, dass ihre Mutter gerade anderes im Kopf hat.

»Papa ist übrigens da.«

»Aha.«

An den Vater ihrer Kinder hat Katrin seit mehr als einem Tag keinen Gedanken verschwendet.

»In der Küche.«

»Was, wie, er wollte doch...«

Es ist offenkundig für Melanie, dass die unerwartet bevorstehende Begegnung mit ihrem Vater die Mutter nicht zu Freudensprüngen inspiriert.

»Er kocht.«, sagt sie.

Katrin versteht kein Wort. Selbst in ihren besten Zeiten hat Werner in der Küche nie einen Finger gekrümmt. Kann der überhaupt Spülmaschine und Kühlschrank unterscheiden? Melanie ahnt ihre Gedanken. Sorgenvoll schaut sie ihre Mutter an.

»Sei doch mal nett zu ihm, bitte.«

Bevor Katrin aufbrausen kann, legt Melanie nach.

»Die Küche sieht aus wie ein Schlachtfeld. Ich glaub, er kocht für dich.«

Damit überlässt sie Katrin ihrem Schicksal und zieht ab, froh, bei der in der Luft liegenden Auseinandersetzung zwischen Vater und Mutter nicht dabei sein zu müssen.

Rouladen, Rotkohl, Klöße. Werner und Katrin sitzen am festlich gedeckten Tisch in der Küche und essen. Das heißt, eigentlich isst nur sie und er sieht ihr zu.

Weil er viel zu nervös ist.

Sie meidet seinen Blick, schaufelt den Rotkohl über den Teller gebeugt hastig in sich hinein, weiß nicht wohin mit ihren Gefühlen, Gedanken, diese erste Begegnung seit vielen Jahren mit einem neuen Mann, der kein richtiger Mann ist, der sich zudem noch als feige, verlogen und bösartig entpuppt hat, eine Hand an der Gabel, die andere unter dem Tisch, eingeklemmt zwischen ihre Oberschenkel spürt sie Werners flehenden Blick, den sie gerade gar nicht gebrauchen kann.

»Lecker, vielen Dank.«

Nach einer Weile schaut sie hoch zu ihm, hört auf zu essen, er nimmt ihre Hand, blickt sie an, Tränen in den Augen.

»Es tut mir leid.«

Katrin muss ihre Gabel beiseite legen. Mit diesem Mann hatte sie so viele schöne gemeinsame Jahre. Er versucht ein Lächeln. Ein aufrichtiges Lächeln, das spürt sie deutlich, das kann sie beurteilen, über fehlende Aufrichtigkeit durfte sie vor kurzem eine Menge lernen. Ganz fest hält er ihre Hand, mit beiden Händen, und auf einmal rückt alles andere in den Hintergrund, sie kann es selbst nicht glauben, wie warm und offenherzig sie sich plötzlich fühlt, ihrem Mann gegenüber. Trotz allem. Haben sie nicht schon ganz andere Krisen gemeistert? Ihre zweite Hand befreit sie aus der Umklammerung der Oberschenkel, legt sie auf seine Hände. Vier Hände, eine Einheit.

Eine kurze Zeit der Stille.

»Es ist vorbei, mit ihr.«

»Und wieso?«

Ihre Frage folgt unmittelbar. Er antwortet, ohne zu überlegen, ob es geschickt oder hilfreich ist. Es ist weder geschickt noch hilfreich. Aber ehrlich.

»Sie hat Schluss gemacht.«

Unmissverständlich will er zum Ausdruck bringen, dass der Fortsetzung ihrer langjährigen, auf Liebe gegründeten Ehe nichts mehr im Wege steht. Seine ehrliche Antwort ist gut gemeint. Aber ihre frisch erwachte Zuneigung fällt dennoch wie ein Kartenhaus in sich zusammen und wandelt sich ins Gegenteil.

So schnell geht das, wird aus Liebe Hass.

Zum zweiten Mal.

Am selben Tag.

Ruppig gießt sie Rotwein nach in die edlen Kristallgläser, erst in ihres, dann in seins. Voll bis zum Rand. Einiges verschüttet sie, ignoriert die Flecken auf der weißen Tischdecke, nimmt einen tiefen Schluck, schaut ihren Mann an, ausdruckslos. Was immer er von ihr ängstlich erwartet, erhofft, wünscht, es kommt nicht. Den Gefallen kann und will sie ihm nicht tun.

»Mich beschäftigen gerade andere Dinge.«

»Welche denn?«

»Ich lass mich scheiden.«

Katrin erhebt sich, um von der offenen Küche durchs Wohnzimmer in den Flur zu gehen. Kurz bevor sie die Tür erreicht, springt er auf.

»Ich lieb dich doch, verdammte Scheiße!«
Sie dreht sich um, irgendwie beeindruckt, wie er sich bemüht. Langsam kommt er auf sie zu.
»Ich will, dass wir es noch einmal versuchen«, sagt er. »Mit uns beiden.«
Er umarmt sie, hält sich an ihr fest. Sie lässt es geschehen.

Wie schrecklich war es doch, als Katrin am Strand nach dem Preisgeben seiner furchtbaren Wahrheit vor ihm stand. Endlose Enttäuschung konnte er in ihrem Gesicht lesen, eine Enttäuschung, die Vergebung unmöglich zu machen schien und die ihn um Jahre zurückkatapultierte in die Zeit seiner verklemmten Weinerlichkeit. Die gemeinsame Fahrt im Taxi war mehr als unerträglich. Es war die Hölle. Genau spürte er, wie das Warum lautlos aus ihrem Herzen schrie, aus jeder Pore ihrer Haut strahlte. Und doch blieb sein Mund stumm, wie zugeklebt und in der Gewissheit gefangen, den Moment der Wahrheit zu lange, viel zu lange vor sich hergeschoben und damit verpasst zu haben. Bevor er in Grevesmühlen die Unterführung hinabstieg, um zum Bahnsteig zu gelangen, schaute er ihr nach, wie sie zu ihrem Fahrrad ging, in der Hoffnung, dass sie sich wenigstens ein einziges Mal nach ihm umdrehte.

Eine geschlagene Stunde musste er auf den Zug warten. Hundeelend war ihm auf dem zugigen Bahnsteig. Heimatlos stand er da herum und fror vor sich hin. Kein Hund, der bellte, kein freches Punkmädchen, das ihn beleidigte. Nicht nur Katrin hatte er verloren und damit die zweite Chance in seinem Leben vermasselt. Auch Buddhas Lehre hatte er verraten, sie in unlauterer Absicht eingesetzt, ja geradezu missbraucht um sich zu drücken.

Mit plärrender Schlagermusik aus der Jackentasche näherten sich zwei Pubertierende, setzten sich ins Plexiglaswartehäuschen auf die Metallbank, tranken Apfelkorn aus der Flasche, knutschten und befummelten sich hemmungslos gierig. Bis das Mädchen die ältere Dame sah, die sich die Treppe heraufschleppte und auf beide zukam, da schob sie ihren Freund auf Abstand und grüßte freundlich die Nachbarin ihrer Großeltern. Die Frau nickte dem Mädchen zu, ein vernichtend verurteilender, finsterer Blick, während sie pausenlos und eindringlich in ihr Handy sprach, Grund genug für Tenpa, sich in Bewegung zu setzen. Den unnötig langen Bahnsteig begann er auf und ab zu schreiten. Je weiter weg von den anderen um so besser. Obwohl keiner der drei Notiz von ihm genommen hatte, er wollte auf jeden Fall mögliche Reaktionen auf seine Kleidung und die damit verbundenen

Meinungen und Urteile vermeiden, er wollte nur, dass der verdammte Zug jetzt sofort hinter der Kurve auftauchte und er endlich hier wegkam. Der Zug kam aber nicht.

Der Tag neigt sich dem Ende und er ist immer noch zu Fuß unterwegs. Auf keinen Fall wollte er wieder übers Gleis laufen. Nun benutzt er Feldwege oder marschiert querfeldein, die Landstraße Richtung Glankow als Orientierung immer in Sicht- oder Hörweite.

Beinah ein Mörder.

Wie soll er sich jemals damit versöhnen?

Du wirst die Liebe finden.

Martinas letzte Worte.

Dein Meister hat dir einen Auftrag gegeben, von dem du keine Ahnung hast.

Katrins Worte.

Den Auftrag seines tibetischen Lehrers hat er verstanden. Sich aufrichtig und schonungslos konfrontieren mit den falschen Verhaltensweisen seiner Vergangenheit; die Dinge betrachten wie sie sind, ohne Wertung, ohne Schuldgefühle; Konsequenzen ziehen für sein zukünftiges Verhalten; mit Mitgefühl und Weisheit.

Hat er sie wirklich begriffen, mit dem Kopf und dem Herzen, die verdrängte Schuld, sie erkannt, bekannt, bereut? In all seiner Tragweite und Tiefgründigkeit?

Hat er es Katrin nicht selbst erklärt: karmische Konsequenzen hängen weniger von der Größe oder Schwere einer Tat ab, sondern von der Motivation, die dahinter steht. Wie niederträchtig seine Motivation war. Das wird er - hoffentlich - nie mehr vergessen und verdrängen. Ja, er wird reflektieren, seine Schlussfolgerungen ziehen. Er wird handeln, wie er es gelernt hat.

Natürlich möchte er, dass Katrin ihm vergibt. Aber strebt er ihre Vergebung nicht nur deshalb an, weil er wesentlich mehr will? Von ihr? Mit ihr?

Er ist ihr ein zweites Mal begegnet. Nach so vielen Jahren. Und er weiß, es gibt keinen Zufall. Kein Schicksal. Nichts Vorherbestimmtes. All das gibt es nicht. Es gibt nur das Gesetz von Ursache und Wirkung. Karma. Die Kraft, die in unseren Handlungen verborgen liegt; die Folgen, die unsere Handlungen hervorbringen.

Angespornt durch die intensive Suche nach Antworten schreitet er bei sternenklarer Nacht und mit ebenso klaren Gedanken durch die Furche eines ausgedehnten Ackers, da weckt ihn ein scharfes, aggressives Hupen auf der unweit vorbeiführenden Landstraße aus seinen Gedanken. Aufgrund des gefährlichen Überholmanövers eines entgegen-kommenden Autos wäre ein anderes beinah von der Straße abgekommen.

Erneut blitzt der schrecklichste Moment seines

Lebens in ihm auf. Urplötzlich wird er von einer gewaltigen Welle der Traurigkeit überrollt, einer Traurigkeit, die entfesselt aus ihm herausbricht.

Endlich. Tränen.

Nicht enden wollend, in salzigen Sturzbächen die Wangen hinunter.

Bitterlich.

Laut schluchzend stolpert er durch die Furche. Schreit seine Verzweiflung in den Nachthimmel. All die Jahre des Lernens im Kloster, wo sind sie geblieben. Weggewischt hat er sie, weggedrängt, ausgeblendet, aus seinem Bewusstsein getilgt, die letzte Nacht vor der Flucht nach Asien, auf dieser elenden dunklen Landstraße. Er quält sich voran über den Acker, während das Vergangene vor seinem geistigen Auge präsent ist, er es erneut durchlebt. Nach sieben Jahren Klosterleben immer noch und für den Rest seines Lebens: beinah ein Mörder.

Eine gefühlte Unendlichkeit dauert es, bis es sich in ihm beruhigt und seine Atmung langsamer wird. Als er am späten Abend am Schloss ankommt und die knarrenden Stufen der großen Freitreppe hinaufsteigt, sieht er in aller Deutlichkeit was er will und zu tun hat.

ELF

In der Gebetshalle des Klosters sitzt Tenpa aufrecht und in entspannter Meditationshaltung mitten unter den zahlreichen Asiaten. Konzentriert und entschlossen, mit wachen Augen, rezitiert er gemeinsam mit allen anderen die Mantren. Laut, schnell, inspiriert.

Mit dieser Erinnerung vor Augen sitzt er im Schneidersitz und mit aufrechtem Rücken seit Stunden in Verenas Wohnung, den Blick auf den kleinen Schrein gerichtet. Seine Rezitation erschallt durch den Raum, akustisch begleitet von der monastischen Gemeinschaft aus dem Walkman. Der Buddha oben im Regal lächelt wohlwollend zu ihm herab. Kein Wunder, denn Tenpa wird Verantwortung übernehmen, seine unterlassene Hilfeleistung in aller Aufrichtigkeit bedauern, mit der Intention, die Belange anderer nie wieder außer Acht zu lassen.

Während er weiter praktiziert, spürt er wie der Segen des Buddha in ihn einströmt, durch den er sich ermächtigt fühlt, den gewaltigen Schritt zu wagen.

Wenn er wieder zurück ist, wird er seinen Meister um die Rückgabe der Gelübde bitten.

Gestern Abend ist es ihm klar geworden. Nur wenn er mit der allumfassenden Weisheit, die er mit Kopf und Herz im Kloster studiert und praktiziert hat, in seiner alten Heimat neu anfängt, ohne Angst und befreit von Hoffnung und Furcht, wird er unter Beweis stellen können, wie hilfreich und nützlich er für andere sein kann. Und genau dadurch wird er auch das Glück der gewöhnlichen Liebe in diesem Leben leben können, das er sich immer ersehnt hat.

Mutig will er sein Bestreben in die Tat umsetzen. Wild entschlossen, das Vorhaben mit aller ihm zur Verfügung stehenden positiven Kraft umzusetzen, freut er sich auf den heutigen Tag.

Bernhard hat einen Plan.

Die Briefe an Martinas Eltern hatte er noch spät in der Nacht formuliert. Ohne ihnen jemals begegnet zu sein, schrieb er voller Liebe über ihre Tochter und über den mit ihrem Ableben verbundenen Schmerz für Eltern und Brüder. Seine tiefe Verbundenheit mitteilend, versprach er, Martina immer in seinem Herzen zu behalten, solange er lebe. Auch sie hätten die Chance, die Liebe zu ihrem Kind weiterleben zu lassen.

Ein markerschütternder Hilfeschrei zerreißt die Stille im Schloss. Das wird das auslösende Ereignis für die Umsetzung seines Plans sein. So lange wollte er die Praxis fortsetzen, bis der richtige Moment gekommen war. Dafür hat er mit aller Kraft gebetet.

Nun ist es so weit. Ohne zu zögern unterbricht er, legt die Mala beiseite und eilt aus Verenas Apartment. Im Treppenhaus sieht er, wie Katrin gerade in einem der Ateliers verschwindet. Schnell ist er hinterher und findet eine betrunkene Claudia vor. Verheult hockt sie in ihrem beigen Strenesse-Wintermantel zwischen Glasscherben auf dem Boden, neben ihr der abgebrochene Flaschenhals einer Weinflasche. Auf einer Tischplatte das neueste Notebook von apple, der allerneueste iPod, die zweite Generation mit der 10-GB-Festplatte.

Sie hat sich an Hand und Unterarm blutig verletzt. Ihre Zeichnungen, missglückte Versuche, eine menschliche Hand darzustellen, liegen zerrissen neben zerstörten, unbenutzten Zeichenblöcken und zwei in Einzelteile zertrümmerten Staffeleien. Den Erste-Hilfe-Kasten in der Hand kommt Katrin aus dem Bad. Sie sieht Bernhard. Weder Überraschung noch Ablehnung in ihrem Gesicht. Sie kniet vor der Verletzten und fängt an sie zu verarzten, entfernt mit einer Pinzette Glassplitter aus der offenen Wunde und reicht sie weiter an Bernhard, der sie in seiner Hand sammelt. Das sorgfältige Reinigen und Verbinden der Wunde übernimmt er.

Wenig später kauert Claudia in ihrem Sessel, in Selbstmitleid versunken. Er hockt neben ihr auf dem Boden, Katrin hält sich im Hintergrund, vor den kaputten Staffeleien. Claudias Stimme klingt hart.

»Keine frommen Sprüche bitte. Es spielt keine Rolle,

ob es mich gibt oder nicht.«

Er will ihre Hand nehmen. Doch sie zieht sie abrupt zurück.

»Mir kann niemand helfen.«

Bernhard blickt Claudia an. Er sieht, wie sich die Unglückliche von ihren bösen Gedanken beherrschen lässt. Still betet er für die Besänftigung ihres Geistes. Eine Weile geschieht nichts. Schließlich schaut sie erwartungsvoll hoch, erst zu Katrin, dann zu dem Mönch. Offenbar hat sie sich etwas beruhigt. Er unternimmt einen Versuch, sie aus ihren selbstzerstörerischen Gedanken zu befreien.

»Manchmal, wenn ich verzweifelt bin...«

»Du und verzweifelt?«

»Ich kenn niemanden, der nicht auch mal verzweifelt ist.«

»Aber ich dachte, so 'n Mönch wie du...«

Er lächelt.

»...der isst nie Fleisch?«

Auf einmal kann auch Claudia grinsen.

»Und was machst du nun, wenn du verzweifelt bist?«

»Ich erinnere mich an die, denen es schlechter geht als mir und versetze mich in ihre Lage.«

Sie versteht noch nicht, worauf er hinaus will. Aber Katrin.

»Du fühlst mit ihnen.«

Etwas überrascht ist er von der unerwarteten Schützenhilfe.

»Genau, ich denke an die anderen und nicht an mich.«

»Das hilft?«

»Bei mir schon.«

Seine Aufmunterung funktioniert. Inspiriert von seiner Antwort richtet sie sich auf aus ihrem Jammertal.

»Vielleicht sollte ich mich ja wirklich um Obdachlose kümmern...«

Sie schaut Bernhard und Katrin an, dann lächelt sie. Dankbar.

Nach gemeinsamer Hilfsaktion stehen Katrin und Bernhard im Treppenhaus. Ein kaum wahrnehmbares Lächeln huscht über seine Lippen, als er ihren Satz von der Begegnung im mobilen Supermarkt zitiert.

»'Darf ich Sie zum Tee einladen'?«

Kein Wort von ihr. Ohne zu zögern wendet sie sich ab und lässt ihn stehen.

Das heftige Zuschlagen der Bürotür dröhnt aufdringlich laut durchs Treppenhaus.

Ein bisschen überrascht ist er schon von ihrem kommentarlosen Abgang. Doch er hat Vorsorge getroffen, schließlich lässt er sich nicht unterkriegen. Nicht von ihrer demonstrativ zur Schau gestellten Entschlossenheit. Er öffnet die Tür neben Katrins Büro, hinter der eine Treppe zum zweiten Stock führt. Beherzt steigt er die steilen, engen Stufen hinauf.

»Du willst doch nur deinen Auftrag erfüllen.«

Er lässt seine Hände in den Roben verschwinden.

»Du hast mich durchschaut.«

Spontan überzeugt von seiner kurz angebundenen Aufrichtigkeit kann sie nicht anders und schenkt ihm ein kleines Lächeln. Sie konnte seinen zweiten Versuch einfach nicht ignorieren. Es war eine Postkarte aus Asien, die in ihrem Büro an die Scheibe klopfte. Mit einem Stein beschwert und an einer Schnur heruntergelassen, die Karte zeigte den Blick über ein kahles Bergpanorama hinauf zum tiefblauen Himmel, am steilen Felsen das in Natursteinfarben gebaute tibetische Kloster, vom unwegsamen Gestein kaum zu unterscheiden.

Nun sitzt sie in seinem Apartment auf dem Sofa und liest erneut den Satz, der auf der Rückseite der Karte steht. 'Vier Sekunden bis nebenan, vier Tage bis Asien - bitte entscheide.' Feierlich stellt er ein Tablett vor ihr ab. Da stehen auf roten Servietten zwei weiße Becher mit milchig-brauner Flüssigkeit, nebeneinander wie ein Pärchen. Der Rand des Tabletts ist mit Weidenkätzchen geschmückt. Er setzt sich zu ihr aufs Sofa und reicht ihr eine Tasse.

»Für dich zubereitet. Nach original tibetischem Rezept.«

Er nimmt die zweite Tasse.

»Vorsicht, gewöhnungsbedürftig. Wie alles, was wir

nicht kennen.«

Erst nachdem er getrunken hat, probiert sie und muss trotz seiner Vorwarnung das Gesicht verziehen. Er lacht.

»Es hat gedauert, bis ich mich dran gewöhnt habe.«

»Was ist das?«

»Buttertee. Wird bei allen Gelegenheiten getrunken.«

Katrin probiert erneut. Der zweite Schluck ist weniger schrecklich. Eine fremde heiße Mischung milchig, süß und gewürzig scharf. Eigentlich nicht schlecht. Man darf es nur nicht vergleichen.

Wie hat er das bloß geschafft, hier im Schloss solch ein fremdes Getränk zuzubereiten? Ja, er hat sich heute morgen wirklich Mühe gegeben. Als es noch dunkel war und vor seiner täglichen Gebetspraxis ging er hinunter in die Schlossküche, um die Vorräte zu durchsuchen. Milch, Zucker, Salz und Butter waren schnell gefunden. Doch er brauchte auch Tee, schwarzen Tee, am besten Darjeeling. Der war nicht zu finden, klar die Frauen hatten ihm keinen Tee servieren können und Claudia hätte es bestimmt liebend gerne getan. Sorgfältig und unbeirrbar machte er sich an die Arbeit, suchte jeden Winkel der Küche ab, auch den chaotischen Geschirrschrank und mit der hoffnungsvollen Überzeugung, am Ende erfolgreich zu sein und das Gesuchte zu entdecken, fand er sie schließlich, in der hintersten Ecke, zwischen Pfannen und Töpfen, eine kleine, schwarze

Dose ohne Beschriftung, deren verklebter Deckel sich nur mit einem Schraubenzieher öffnen ließ und erfreut über den Beweis, dass eine positive Grundhaltung gepaart mit der richtigen Motivation zum Ziel führt, machte er sich ans Werk.

Während er erzählt entgeht ihm nicht, wie ihre Mundwinkel unmerklich zucken. Ihre Abwehrhaltung scheint zu schmelzen. Aber offenbar will sie verhindern, dass Zuneigung zu ihm in ihr Herz zurückkehrt. Abrupt steht sie auf.

»Was soll das hier alles, was willst du noch?«

»Dich aufrichtig um Vergebung bitten.«

»Du meinst, ein paar nette Worte und alles ist wieder gut?«

»Nein...«

»Also.«

Er nimmt ihre Hände, schaut auf zu ihr.

»Ich bitte dich um eine einzige Chance. Katrin, bitte, hör mich an und entscheide dann, wie es weitergehen soll.«

Sie braucht eine Weile, bis sie sich wieder setzt.

»Fang an.«

Er fängt an:

»Wenn dein Herz verschlossen ist, von bösen Gefühlen bestimmt, habe ich keine Chance. Deshalb solltest du zuvor meiner Einladung zustimmen. Dazu brauch ich allerdings deine Hilfe.«

Sie glaubt nicht richtig zu hören.

»ICH soll DIR helfen?«

»Ja, ich hatte doch damals meinen Führerschein vernichtet. Dummerweise.«

Als sie versteht, was er vorhat, schüttelt sie entsetzt den Kopf und muss doch gleichzeitig lachen. Ideen hat der verrückte Kerl, dieser verfluchte Mönch...

Es ist Punkt zwölf Uhr Mittags, als die beiden auf den Vorplatz hinaustreten. Mitten in der Sonne steht er da, der auf ihren Namen gemietete chromblitzende offene Geländewagen mit Überrollbügel und Allradantrieb. Er öffnet ihr galant die Beifahrertür, vorsichtig steigt sie ein. Seine Hände streicheln liebevoll einen Kotflügel, dann umschreitet er den Wagen, setzt sich ans Steuer und will ihren Sicherheitsgurt schließen. Sie hält seine Hand fest.

»Bitte nicht, ich...«

Er ist sofort einverstanden, lässt los, drückt ihr die alte Landkarte in die Hand, legt sich selbst den Gurt um, startet den Wagen. Einige Male tritt er mit Bedacht und gleichzeitig bis zum Anschlag aufs Gaspedal. Das satt aufheulende Geräusch des Motors elektrisiert ihn bis in Nackenhaare und Fingerspitzen.

Erst jetzt legt er den ersten Gang ein, drückt die Arme vorm Lenkrad durch und die Reise geht los. Er nimmt es als Ausdruck von Vertrauen, als sie wenig später nach zwei waghalsig bezwungenen Kurven auf der Landstraße schließlich doch den Sicherheitsgurt

211

anlegt, ihre Hand weiter am Haltegriff der Beifahrertür.

Der gewaltige Landrover donnert lärmend im Irrsinnstempo über unbefestigte Wege. Tiefe, lehmige Furchen, unübersichtliche Kurven, vorstehende Baumwurzeln, unberechenbare Wasserlachen. Souverän und in Windeseile arbeiten seine flinken Hände an Lenkrad und Schaltknüppel. Immer wieder bleibt der Wagen kurz stecken, Schlamm spritzt hoch, bei einem kleinen spitzen Hügel hebt er mit allen vieren ab, gerät in einer steilen Kurve in gefährliche Seitenlage und die Sicherheitsgurte geben ihr Bestes, das Leben der Insassen zu erhalten. Am Steuer ein besessener Bernhard, der die Wege und das Auto fest im Griff hat, neben ihm eine laut schreiende Katrin, bei der sich Todesängste und Glücksgefühle im schneidenden Fahrtwind wechselseitig die Hand geben. Trotz körperlicher Anspannung gelingt es ihr, sich hoffnungsvoll dem Geschick des wahnsinnigen Fahrers hinzugeben, der mit ausgestreckten Armen am Lenkrad gebannt nach vorne starrt auf die Unebenheiten des schnurgeraden Feldwegs.
So fliegen sie dahin, rappelnd, zitternd, schaukelnd, links der frisch gepflügte tiefbraune Acker, rechts die grüne undurchdringliche Buschreihe. Immer wieder wollen die Vorderreifen festgetrockneten Treckerspuren die mäandrierend abbiegen folgen

und dadurch den Pfad verlassen, doch Bernhards Oberarmmuskeln verhindern jegliches Ausscheren. Gefährlich schnell rückt eine quer verlaufende Baumreihe heran. Hier teilt sich der Weg in links und rechts, er reißt im letzten Moment das Steuer herum, Schaltknüppel, Handbremse, Bremse, Gaspedal, Katrins Aufschrei, sein Jubelschrei über den gelungenen Richtungswechsel um neunzig Grad und ab geht's auf die Pension 'Zum Fliegenden Holsteiner' zu und am reetgedeckten Haus vorbei Richtung Strand.

Kurz bevor die Räder den Sand berühren, schaltet er den brüllenden Motor runter in den ersten Gang, mit eingelegter Untersetzung und immer wieder durchdrehenden Rädern geht es weiter Richtung Wasserkante. Sand fliegt in alle Richtungen. Die Vorderreifen treffen bereits auf Wasser, als er voll in die Bremsen steigt, den Wagen stoppt und den Motor ausschaltet.

Stille.

Leise plätschernde Wellen.

Sand in den Gesichtern der beiden Abenteurer.

Die Sonne scheint.

Völlig außer Atem blickt sie ihn an, erschöpft, beeindruckt. Er sieht es, er weiß es, er spürt es: Jetzt ist sie bereit. Er muss einen Augenblick warten, bis seine Stoßatmung sich beruhigt, der Atem flacher wird, gleichmäßiger. Nun erzählt er. Ehrlich, ohne zu beschönigen, ohne zu entschuldigen. Offenen Herzens hört sie ihm zu.

Ohne zu unterbrechen.

Ohne zu kommentieren.

Auf der Autobahn Richtung Grevesmühlen ist wenig Verkehr. Viele Jahre hat er nicht mehr am Steuer eines Autos gesessen. Auf öffentlichen Straßen. Dement-sprechend zurückhaltend fährt er, umsichtig, defensiv. Das sanfte Surren des Motos ist ein Genuss. Kein Wort bisher von ihr zu seiner Geschichte, nicht ein einziges Mal hat sie eine irgendwie geartete Reaktion gezeigt. Eigentlich müsste er schwer verunsichert sein. Ist er aber nicht. Wenn sie mehr wissen will, wird sie fragen und er wird mit ehrlicher Offenheit antworten.

Sie fragt nicht.

Bernhard und Katrin am Grab ihrer Schwester. Schweigend. Sie betrachtet das in den Grabstein eingefasste Foto ihrer Schwester. Endlich kann sie weinen. Die Trauer über den Verlust bricht in ihrem Herzen auf. Tränen der Befreiung.

Auch er schaut auf Helenes Foto und sofort ist es wieder präsent. Die Blutlache am Straßenrand, Iron Butterfly, 'In a gadda da vida', aus den Lautsprechern seines Ford, aus der Ferne immer näher, lauter das stille Dröhnen in seinem Kopf, es schmerzt die Erinnerung, er weicht zurück, bloß weg hier, Katrin nicht stören mit dem erbärmlichen Lärm des Unverzeihlichen in ihm, auf keinen Fall, das will er nicht.

Leise stiehlt er sich davon, geht den Weg hinunter, entlang an zahlreichen Gräbern und Gruften. Manche sind verwahrlost, andere liebevoll gepflegt. Nach und nach beschleunigt er seinen Schritt. Wie wenn er unentdeckt fliehen wollte. Vor Katrin. Vor Helene. Vor sich selbst. Eine stattliche Dame im hohen Alter fällt ihm auf, sie steht vor einem Grab. Auf den Rollator gestützt versucht sie mühsam, verwelkte Blätter aufzulesen und eine Blume abzulegen. Bernhard bleibt stehen, der Impuls ihr zu helfen ist augenblicklich da, doch sie schafft es. Um sich gleich darauf langsam auf ihren Rollator zu setzen. Sie muss ausruhen. Ohne dabei den Stein auf der Grabstätte aus den Augen zu lassen. Leid und Liebe einer Trauernden.

Nachdenklich setzt er seinen Gang fort über den weißen Kies. Erst jetzt nimmt er die Geräusche der umliegenden Stadt und die Schönheit der Natur auf dem alten Friedhof wahr. Äste einer alten Eiche, die sich knarrend biegen, Büsche, durch die der Wind heult. In weiter Ferne ein bellender Hund, ein Martinshorn. Außer der alten Dame gibt es niemanden, der sich gerade die Zeit nimmt, den letzten Ort eines geliebten Verstorbenen zu besuchen. Bernhard dreht sich um Richtung Helenes Grab, Katrin kommt bereits auf ihn zu und baut sich

Sekunden später vor ihm auf.

»Hattest du eigentlich ein Handy dabei, damals?«

Ihr Versuch, seine Schuld kleiner werden zu lassen, rührt ihn. Aber es hilft nichts, sein Anteil am Tod ihrer Schwester ist ebenso wenig wegzureden wie die Tatsache der Unumkehrbarkeit des Geschehenen.

»Ja.«

Sie sucht in seinen Augen. Wie offen und ehrlich sein Blick wirkt, so geradlinig. Dennoch, einfach wird es nicht, ihm wirklich und aufrichtig zu vergeben. Vielleicht wird sie es schaffen. Eines Tages. Vielleicht. Als sie am Strand in diesem schrecklich aufregenden Auto seiner Geschichte zuhörte, war klärende, reinigende Friedlichkeit in ihr Herz geströmt, eine Sanftmütigkeit, die sie in dem Moment gar nicht begreifen konnte, nicht wahrhaben wollte, gegen die sie sich sogar aufbäumte. Hier vorm Grab ihrer Schwester kehren die Erinnerungen zurück, die vergangenen Tatsachen, die nicht auszulöschen sind. Er hätte sie töten können... Wenn sie stehen geblieben wäre oder einfach nicht schnell genug hätte zur Seite springen können, sie wäre mit dem Auto zusammengeprallt, durch die Luft geschleudert worden. Wie ihre Schwester. Aber dann wäre er doch nicht einfach weiter gefahren. Bestimmt hätte er angehalten um auszusteigen und nach ihr zu sehen. Oder?

Den Kragen ihrer Windjacke schlägt sie hoch,

entfernt sich ein paar Schritte von ihm, dreht sich um, achtet genau auf seine Mimik.

»Was hättest du gemacht, wenn du mich überfahren hättest?«

»Wie bitte?«

»Du hast schon richtig verstanden. Wie weit wärst du damals gegangen. Mit deiner Wut auf Unschuldige?»

»Katrin, ich...«

Er will auf sie zu gehen, sie weicht zurück, hebt warnend ihre Hand, sie will eine Antwort, jetzt gleich. Er bleibt stehen, akzeptiert ihren Angriff, überlegt einen Moment.

»Heute würde ich anhalten, sofort die Feuerwehr rufen, deiner Schwester helfen, dir helfen, mit dir auf den Notarzt warten, das ist doch klar. Aber du willst wissen, was ich vor über sieben Jahren gemacht hätte? Ich kann es dir nicht sagen. Weil ich es nicht weiß. Nicht wissen kann. Nicht wissen will. Es tut mir leid. Der Mann, der vor dir steht, es ist der von damals und deshalb bin und bleibe ich verantwortlich. Und doch bin ich nicht derselbe. Was ich vor sieben Jahren gemacht hätte - ich kann es nur vermuten. Aber ehrlich, ich möchte darüber nicht spekulieren. Ich will genauso wenig mit Ungeheuern zu tun haben wie du.«

Da ist der Impuls in ihm, auf sie zugehen zu wollen, sie zu umarmen. Er bleibt wo er ist, wartet ab, sieht, wie sie überlegt. Es dauert nicht lange und sie

217

kommt auf ihn zu, geht an ihm vorbei, Entschlossenheit im Schritt.

»Lass uns fahren.«

Ohne seine Reaktion abzuwarten begibt sie sich zum Friedhofsausgang. Er folgt. Sie erreichen den Mietwagen und steigen ein.

»Finden Buddhisten den Tod schön?«

»Wie kommst du jetzt darauf?«

»Sag schon.«

»Nein.«

»Sondern?«

Er nimmt die Hände vom Steuer, atmet tief durch, wenn sie jetzt wieder einen philosophischen Diskurs will, dann ist er nicht mit dabei, nein, nicht jetzt.

»Wir begegnen dem Tod weder naiv noch machen wir uns Illusionen über ihn. Er gehört einfach zum Leben dazu, eine Tatsache, die man verdrängen oder der man sich stellen kann.«

Er wartet kurz ab. Keine Reaktion von ihr. Also weiter:

»Zu wissen dass wir sterben müssen, hilft uns, das Beste aus unserem Leben zu machen.«

Ein zufriedenes Nicken, sie schnallt sich an, lehnt sich zurück und bevor er weiterreden kann, kommt ihre Frage.

»Worauf wartest du?«

Der Landrover donnert über den holprigen Weg neben der Bahnlinie auf den Haltepunkt 'Schloss

Glankow' zu. Unweit des Bahnübergangs, neben dem der Feldweg in die Landstraße mündet, lehnen zwei uniformierte Polizisten entspannt rauchend an ihrem Dienstwagen und genießen die Sonne des Vorfrühlings. Der jüngere liest Micky-Mouse, der ältere spielt mit seinem alten SC2-Schachcomputer aus Erfurt. Erst hören sie es, dann können sie sehen. Der Geländewagen rast im Affenzahn direkt auf sie zu, eine aufquellende Staubwolke hinter sich her ziehend. Die beiden verbeamteten Karikaturen der Schweriner Polizei blicken sich an, packen Lektüre und Spielgerät beiseite und schreiten mit wichtigem Schritt zur Tat, überqueren die Straße und halten mit erhobener Kelle den Landrover an, der mit qualmenden Reifen hollywoodreif unmittelbar vor ihnen zum Stehen kommt. Kurz sind beide Polizisten in einer Staubwolke verschwunden. Bevor sie erhobenen Hauptes auf die Fahrertür zugehen, um den Übeltäter zur Rechenschaft zu ziehen. In Mecklenburg-Vorpommern fährt niemand ohne Sondergenehmigung auf einem nicht öffentlichen Feldweg und schon gar nicht mit überhöhter Geschwindigkeit. Da winken viele Punkte in Flensburg.

»Ihren Führerschein,« sagt der eine,

»...bitte,« sagt der andere.

Bernhard öffnet die Tür, steigt aus und geht auf die beiden zu, denen in diesem Moment schlagartig klar wird, das Mitglied einer klösterlichen Gemeinschaft vor sich zu haben. Sie schauen sich irritiert an.

»Kann ich Ihnen helfen?«, fragt Bernhard, fröhlich lächelnd.

Katrin holt derweil hastig den Automietvertrag und ihren Führerschein hervor, wohl wissend, dass sie Bernhard gar nicht hätte ans Steuer lassen dürfen. Die Polizisten betrachten den freundlichen Mönch von oben bis unten, blicken sich an, nicken sich zu. Ihre Entscheidung ist gefallen.

»Alles in Ordnung.«, sagt der eine,

»Gute Fahrt.«, der andere.

Die beiden greifen grüßend mit der Hand ihre Dienstmützen zurecht, steigen in ihr Dienstfahrzeug und sehen zu, dass sie Land gewinnen. Katrin ist ausgestiegen und gafft den davonfahrenden Polizisten hinterher.

»Was hast du mit ihnen gemacht?«

»Ich?«

Staub in ihren Gesichtern, an der Kleidung, am Auto. Er steht da wie ein Unschuldslamm. Sie kann es nicht fassen.

»Mönch zu sein hat echt Vorteile.«, sagt sie und lacht.

Ja, Mönch zu sein hat Vorteile. Er nimmt ihren Satz so banal, wie er gemeint war und lacht mit.

Irgendwann hat sich die Leichtigkeit verflüchtigt. Er weiß nicht, wie es jetzt weitergehen soll. Aber sie.

»Ich konnte Verena schwer beeindrucken. Weil ich die Öllieferung gestoppt und erst den Klempner geholt habe.«

Bernhard versteht kein Wort. Kann er auch nicht, denn er war im Krankenhaus, als gestern die Heizung ausfiel, weil der Öltank leer gelaufen war. Verena hatte sofort den Notdienst des Öllieferanten angerufen und anschließend Katrin benachrichtigt. Aber eine leer gelaufene Leitung muss zunächst entlüftet und gereinigt werden, bevor neues Öl eingelassen werden kann - sonst funktioniert die Heizung nicht.

»Das habe ich ihr erklärt, während Werner im Keller alles vorbereitet hat, bevor der Lieferant eintraf. Jetzt hat Verena mir angeboten, mich dem Förderverein als neue Leiterin vorzuschlagen. Sie will die Künstlerresidenz nicht mehr organisieren.«

»Du wirst annehmen?«

»Ja. Ich muss dann keine erfolglosen Bewerbungen mehr schreiben.«

Sie kommt auf ihn zu, bis sie nah vor ihm steht.

»Der Ausflug war großartig.«

Während sich ein Gefühl unbeschwerter, jugendlicher, beinah kindlicher Freude in ihm ausbreitet, holt er seine Hände aus der Robe, greift ihre, ganz beiläufig, einmal links, einmal rechts, und hält sie. Voreinander stehen sie, gleich neben dem Landrover, mitten auf dem Feldweg.

Blicke. Finger, die sich streicheln, zaghaft, vorsichtig.

»Meine Schwester habe ich verloren. Für immer.«

221

Kein Vorwurf in ihrer Stimme, eher ein lautes Denken, ein sich erinnern.

»Sie war für mich wie eine Mutter.«

Sie wendet sich zur Seite, schaut den Feldweg hinunter, die beiden spazieren los, Hand in Hand nebeneinander. Katrin erzählt. Von ihrer Kindheit.

Die buntkarierte Plastikdecke auf dem Küchentisch. Die fiesen Klumpen im heißen Kakao. Muttis grüne Gummistiefel, die den Kuhstallgeruch mit in die Küche brachten, obwohl sie sauber abgespritzt waren. Zum Feierabend trank der Vater Bier und rauchte Karo ohne Filter. Ein scharfer, beißender Geruch, den die kleine Katrin nicht mochte, obwohl sie Papa so liebte. Auch ihre Mutti hatte sie sehr gern. Die wurde dann manchmal von Papa nach der Arbeit leidenschaftlich geküsst, beide lachten dann ihrer Tochter zu, er streichelte ihr über den Kopf, bevor er seine Frau auf Händen ins Schlafzimmer trug und die Klumpen in Katrins Kakao sich auflösten.

»Mutti starb im Stall der LPG.»

Katrin löst sich von ihm, geht wenige Schritte, bleibt stehen, schaut über den ausgedehnten hügeligen Acker auf eine großgewachsene Weide in der Ferne, die als einzige die eintönige, braune Fläche ziert.

»Es war ein Arbeitsunfall. Eine Kuh hatte sie unglücklich getreten, im Stall. Sie war nicht in der Lage zu schreien, lange kam niemand vorbei, der einen Arzt holen konnte. Da war ich zehn und Helene in der FDJ und schon verlobt.«

Sie dreht sich wieder zu ihm hin, geht auf ihn zu.

»Der Zeitpunkt deiner Beichte wäre immer der falsche Moment gewesen. Aber ich hätte es wohl genauso gemacht wie du.«

Sie schaut ihm in die Augen. Da ist er auf einmal, leise weht er zu ihm herüber - der erste in der Luft liegende Hauch von Vergebung.

Zwei Augenpaare, magisch voneinander angezogen. Das Ertönen des Warnsignals am Bahnübergang hören sie nicht, das Schließen der Schranken sehen sie nicht. Er fühlt sich ermächtigt, geradezu aufgefordert, initiativ zu werden, streichelt ihre wilden Haare, berührt mit beiden Händen ihr Gesicht, küsst sie auf den Mund, sie reagiert nicht, so sehr sie diesen Moment im Fliegenden Holsteiner herbeigesehnt hatte, überrascht ist sie jetzt und hier von seiner Zielstrebigkeit, schaut ihn weiter erwartungsvoll an, erneut nähert sich sein Mund, er ist der Krieger, der nicht aufgibt, er weiß, jetzt ist sie bereit und bereit seinen Kuss zu empfangen öffnet sie leicht ihren Mund, schließt die Augen. Hingabe und Vertrauen. Der Kuss ist lang.

Kein Raum in ihm für Widerstände, Ängste, Schuldgefühle.

Explosion des Schweigens.

Minuten der Ewigkeit.

Der Himmel, der Wald, die braunen Felder, alles

verschwimmt in schillerndsten Farben. Die Regionalbahn rauscht heran und fährt schrill pfeifend an den Küssenden vorbei. Der aufbrausende Fahrtwind durchwühlt seine Roben und ihre Haare.

Nachdem der Lärm des vorbeifahrenden Zuges verhallt und die mit ihm ziehende Böe weggeweht ist, lösen die zwei ihre Umarmung.

Euphorie im Bauch, der Jubel über die plötzliche Entdeckung seiner Männlichkeit, all das, die Libido, sie ist da und im selben Moment auch der Wille sie auszuleben. Im Gewahrsein seines momentanen Glücks wird die Vision immer präsenter. Mit all seinen Widersprüchen.

Er ist ohne Furcht. Sich seiner Sache sicher.

ZWÖLF

»Seezunge.«

»Wie bitte?«

Schwelle für Schwelle und Hand in Hand schreiten die zwei am Ende des Spaziergangs über das Gleis zurück Richtung Geländewagen. Gerade sind sie an der Stelle vorbei gekommen, wo sie vor ein paar Tagen gemeinsam das Gleis überquert hatten. Aus einem alten Haus, das direkt an der Bahnlinie im Wald steht, steigt Rauch aus dem Schornstein, die Fenster sind klein, die Scheiben verdreckt. Zwischen vergilbten Gardinen hockt eine dicke, schwarze Katze auf dem Fensterbrett. In der Ferne hinter den Bäumen ist Schloss Glankow zu erahnen.

»Sieben Jahre habe ich keinen Fisch gegessen. Schon gar keine Seezunge.«

Katrin blickt auf ihre Uhr und zeigt ihm, wie spät es ist.

»Ich glaube, das schaffst du nicht mehr.«

»Ich glaube schon.«

Er grinst.

»Wir fahren vorher noch kurz beim Schloss vorbei.«

Sie wundert sich, ist aber natürlich einverstanden. Forsch bremst er wenig später vor der Künstlerresidenz und schwingt sich aus dem Wagen.

»Gib mir fünf Minuten.«

Schon ist er hinter der Schlosstür verschwunden, die krachend ins Schloss fällt. Da sie nicht die geringste Ahnung hat, was gleich passieren wird, sie aber gleichwohl überzeugt ist, es wird eine mächtige Überraschung geben, schiebt sie alle Vermutungen beiseite und lehnt sich zurück, mit der Absicht sich zu entspannen. Keine Chance. Weder im Kopf noch im Bauch. Viel zu viele hüpfende Gedanken. Zum Beispiel: Lippenstift. Mit einem Ruck sitzt sie aufrecht, kramt in ihrer Windjacke, tatsächlich, sie hat ihn dabei und dreht den Rückspiegel zu sich hin.

Währenddessen kniet er vor dem Sofa, um seine Reisetasche hervorzuziehen und zu öffnen. Schnell hält er das Gesuchte in der Hand. Die alte Blue Jeans. Pure Nostalgie. Er konnte damals nicht anders, er musste sie einfach aufbewahren. In ihr hatte er in Neu-Delhi erstmalig indischen Boden betreten. Mit dem dazugehörigen T-Shirt. In Windeseile entledigt er sich seiner Roben. Das Anziehen des fremd gewordenen, strammen Kleidungsstücks ist komplizierter als erwartet. Es dauert, bis er sie hochgezogen und die Knöpfe nacheinander geschlossen hat. Wie eng das alles ist, wie unbeweglich und eingezwängt man sich da fühlt.

Gehprobe. Jeder Schritt eine Herausforderung stapft er stocksteif im Zimmer auf und ab, in den Kniekehlen, im Schritt, überall drückt und zwickt es. Gefangener der neuen, alten, lange vergessenen Hose. Er nimmt es an, das Leid des Glücklichen, zieht auch das schwarze T-Shirt noch über den Kopf, erst verkehrt herum natürlich, doch schließlich passt es.

Im Bad betrachtet er sich im Spiegel, streichelt den nicht vorhandenen Bauch, klatscht sich auf den Po, nickt sich fröhlich siegesgewiss zu. Zurück im Zimmer faltet er zügig aber mit aller Sorgfalt und Liebe seine Roben zusammen und packt sie in die Reisetasche. Fertig. Vor dem Schrein baut er sich auf, schaut in das Antlitz des Buddha, ernst, demütig, hingebungsvoll. Eine geraume Weile verharrt er aufrecht, seine Hände in Gebetshaltung, die Augen auf die Augen des Buddha ausgerichtet. Dreimal wirft er sich nieder Richtung Schrein. Das ist in der engen Jeans eine Qual sondergleichen, doch es spielt keine Rolle.

Es kann losgehen. Ab ins Abenteuer. Mit der Reisetasche.

»Nein!«

Ein Schrei, die Augen weit aufgerissen wie der Mund, so springt sie aus dem Auto, steht da und kann nicht fassen, was sie sieht.

»Ja!«

Erschrocken, geradezu entsetzt, begeistert, stürmisch rennt sie auf ihn zu, umarmt ihn, küsst ihn. Er weiß, er hat alles richtig gemacht.

19.10 Uhr. Die Bedienung freut sich über Bernhards begeisterten Blick, als sie ihm im 'Fliegenden Holsteiner' das bestellte Essen serviert. Seezunge in Butter gebraten, Petersilienkartoffeln, Kopfsalat. Er bedankt sich, bestellt noch ein Mineralwasser - Weißwein zu trinken wie Katrin, das hat er sich dann doch nicht getraut, obwohl er gerne wollte, aber nein, das wäre des Guten zu viel gewesen, auch noch ein berauschendes Getränk... - und langt sofort zu. Auch Katrin ist froh, kann sie doch endlich einmal mit ihm gemeinsam essen. Eine Weile beobachtet sie, wie er jeden Bissen genießt, immer ein kleines Stück

Fisch auf die Gabel zusammen mit etwas Kartoffel, die er vorher in die flüssige Butter tunkt. Und das alles voller Eleganz und gleichzeitig unprätentiös. Sie kann ihren Blick gar nicht von ihm lassen. Bis schließlich das eigene Hungergefühl im Bauch nicht mehr zu überhören ist und sie sich ihrem Pannfisch mit Speckoße zuwenden muss.

Er schaut nicht auf, spricht kein Wort, scheint seine ganze Konzentration der Seezunge zu widmen. Das ist schon ein bisschen komisch für sie, beim Essen überhaupt gar nicht zu reden. Verunsicherung macht sich breit, ob er sie gar vergessen oder sie etwas falsch gemacht hat.

»Schmeckt es dir?«

»Lecker, vielen Dank.«

Das erste Mal, das er während des Essens aufblickt zu ihr.

»Es ist fantastisch.«

Im blauen Flur stehen sie vor dem Zimmer Nummer Acht, sie schließt auf, öffnet die Tür, drückt den Lichtschalter. Nun ist sie auf einmal doch da, die Aufregung, das beunruhigende Kribbeln von Kopf bis Fuß, doch das macht nichts, gar nichts, denn er ist nicht allein, sie lässt ihn nicht allein, nimmt seine Hand, sie treten ein, er schließt die Tür. Voreinander stehen sie auf dem weichen Teppichboden, als sie ihm das T-Shirt über den Kopf zieht und danach am Jeansgürtel zu sich heran.

Wie sie es genießt, mit ihren Fingern über seine nackte Haut zu gleiten, sanft den Bauch zu streicheln, der fest ist wie ein Waschbrett. Seine wachsende Erregung zu spüren, die ihre Sehnsucht wie ein Feuer auflodern lässt.

Bis er sie plötzlich mit seiner Hand aufhält, ihr scheu in die Augen schaut.

»Ich muss dir was sagen.«

»Ich höre.«

Sie schiebt seine bremsende Hand beiseite, umkreist mit dem Finger seinen Bauchnabel.

»Es gibt da etwas und das ist peinlich.«

»Du hattest mal was mit einer Nonne?«

»Nein, wo denkst du hin, ich...«

»Ja?«, fragt sie und streichelt weiter über seine unbehaarte Brust, wandert mit ihren Fingern langsam tiefer, sieht ihm dabei fest in die Augen.

»Ich habe es noch nie gemacht.«

»Was denn?«

»Naja, das hier. Mit einer Frau...«

»Was, du bist noch Jungfrau? Das kann doch nicht sein, in deinem Alter!«

Doch, es kann. Bernhard nickt beschämt. Wie ein Schuljunge, der im Erdboden versinken will, so blickt er sie an, während er schüchtern zurückweicht. Am liebsten würde er sein T-Shirt schnell anziehen. Doch dazu kommt er nicht. Es passiert, womit er nicht gerechnet hat. Nach einer großen aber kurzen Schrecksekunde hat Katrin sich entschieden, betrachtet seinen Körper von oben bis unten, schmunzelt fasziniert und zieht ihn erneut am Gürtel entschlossen zu sich heran. Während sie die Erkundung seiner sanften, nackten Haut zielgerichtet fortsetzt, verwickelt sie ihn in ein Gespräch und sein Geheimnis hat sich in Luft aufgelöst.

»Was würdest du machen, wenn du in Mecklenburg leben müsstest?«

Während ihre Hände weiter auf seiner nackten Haut wandern, unbekannte unerträglich unheimlich prickelnde Reize in ihm auslösend, Anspannung und Leichtigkeit in einem, sie will es wissen, jetzt sofort.

»Mit Meditationskursen könntest du doch gutes Geld verdienen. Zum Beispiel.«

»Auf gar keinen Fall, wo denkst du hin, niemals, ich bin Schüler, nicht Lehrer.«

»Okay. Willst du vielleicht in deinem alten Beruf wieder anfangen?«

Die unaufhaltsame Erregung weckt Mut. Er wird selbst aktiv, gleitet vorsichtig mit den Fingern über ihre Wangen, ihren Hals.

»Zu lange her. Außerdem, Arbeit ist nicht so wichtig im Leben.«

Bevor sie gegen seine Provokation protestieren kann, hat er die richtige Idee.

»Ich würde zur Polizei gehen. Oder mein Geld als Fahrlehrer verdienen.«

Der Gedanke gefällt ihr nicht, überhaupt nicht.

»Das sind doch alles pädagogisch unfähige Idioten,

die nur sich selbst sehen.«

»Eben.«

Er lächelt sie an und bis sie versteht, worauf er hinaus will, hat er tapfer die Knöpfe ihrer Bluse geöffnet, einen nach dem anderen, von oben nach unten und das Thema Beruf im gegenwärtigen Moment aufgelöst. Der Griff an ihre Brüste ist ein wenig fest, beinah schmerzhaft. Mit so viel Initiative hat sie nicht gerechnet. Es gefällt ihr und überhaupt, die Einführung des Unerfahrenen in die Liebe macht einfach Spaß. Die langsame Entdeckungsreise ihres Körpers geht er sanft und zärtlich an, mit zitternden Fingern, aber in keiner Weise schüchtern, sie gibt sich hin, er nimmt die Führung in die Hände, zwischendurch, da muss sie ihm helfen, führt sie seine Lippen, seine Zunge. Wie sensibel er ist. Als er jedoch die Berührung ihrer Hand mit seinem Glied sucht, da zieht sie sich unmerklich zurück.

Im Zen-Buddhismus wird von einem Buddha erzählt, der einmal tagelang in einem Baum meditierte und beim Anblick des nackten Busens einer ahnungslos vorbei kommenden jungen Frau angeblich ohnmächtig auf den Acker stürzte. Bernhard kniet nieder auf dem Teppichboden, als er ihre Brüste zum zweiten Mal streicheln darf. Wie unaushaltbar schön das ist und gleichzeitig unvorstellbar, wie dieses grenzenlose Gefühl von Freiheit und Glückseligkeit im Moment der Vereinigung noch gesteigert werden soll.

Er wird es erfahren.

Er wird sich nach Wiederholung sehnen und sie bekommen.

Er wird in die Erfahrung eintauchen, wie sich Anstrengung im energiespendenden Entladen auflöst, wohlige Erschöpfung des Körpers, Verbundenheit, eng aneinander gekuschelte Geborgenheit, wie all das zur tiefsten Zufriedenheit führt, an der man festhalten will, für immer, die sich auflösen wird in neu aufkeimendes Begehren, das man wieder ausleben will, um Befriedigung zu erfahren, die man bald erneut verlieren wird.

Wenn er das zweite Mal den Gipfel erreicht, die Hände tief verkrallt in ihren herrlich runden Pobacken, ihre lustvollen Augen im Blick, sein Glücksmoment ist nun auch ihr Glücksmoment, ihr befreiender nicht enden wollender Lustschrei, da blitzt - und es überrascht oder verunsichert ihn nicht im geringsten - das fröhlich lachende Gesicht des Buddha vor ihm auf und er begreift auf der Stelle, dieses Vollweib Katrin Rose, sie ist in diesem einen Moment und nur für ihn ganz allein in all ihrer Nacktheit beinah wie ein Buddha in Verkleidung.

Aneinander gekuschelt liegen sie glücklich unter der Bettdecke.

»Du hattest wirklich noch nie?«

Er nickt und seine Scham ist verschwunden.

»Was haben deine Freunde denn dazu gesagt?«

»Freunde naja, so richtige hatte ich eigentlich nie. Ich hab halt so getan als ob. Nur Kickerkumpel Rainer wusste es, er hat mir immer wieder Ratschläge gegeben, wie das geht mit den Frauen. Hat aber auch nichts genützt.«

»Aber du warst wenigstens bei Huren?«

»Ein einziges Mal. Mit zwanzig.«

»Nur ein Mal?«

»Es war die größte Katastrophe meines Lebens.«

Sie lacht. Er lacht. Sie streichelt ihn. Er erwidert ihre Zärtlichkeit und überrascht sie damit, wie feinfühlig und gleichzeitig entschlossen er vorgeht. Wie jemand mit jahrelanger Erfahrung.

»Wie ging es dann weiter?«

»Fantasien.«

Er erzählt, wie er irgendwann beschloss sich einfach abzufinden, es aus seinem Bewusstsein zu tilgen. Selbsterhaltungstrieb. Überlebensstrategie. Er war eben der liebesunfähige Mann. Das war nicht schön. Aber dank seiner Entscheidung auch nicht mehr furchtbar. Zumindest nicht allzu sehr.

»Trotzdem, du hattest doch bestimmt einen Traum, oder?«

Das will sie wissen, während ihre Hände an seinem Unterbauch immer tiefer gleiten, ihre Brüste sich an ihn pressen, die Luft bleibt ihm weg, die Erregung ist zurück, schon wieder, die Sehnsucht nach Erlösung unaufhaltsam.

»Sag schon.«

»Auf dem Land wollte ich leben, naturverbunden auf einem Resthof, mit Feldern, Blumengarten, Hühnern und...«

»Und?«

»...einer Frau, wie du eine bist.«

»Wie bin ich denn?«

»Du bist... einfach nur...«

Mit Worten geht jetzt nichts mehr, weil sie einfach nicht aufhört, jede Pore seiner Haut zu elektrisieren, er will, er muss sie küssen, leidenschaftlich, ihren Mund, ihren Hals, ihre Brüste, unaufhaltsam, schwebt er, schweben sie - gemeinsam dem nächsten Höhepunkt entgegen.

Eine kurze Ewigkeit später, erneut Arm in Arm erschöpft nebeneinander und sie will wissen, wie er sie sieht. Er muss nicht überlegen, wie ein Wasserfall purzeln seine Worte.

»Fein sinnlich, furchtbar sexy, gewaltig weiblich, handfest zärtlich, tough entschlossen, bodenständig und...«

»Mit so einer wolltest du dein ganzes Leben verbringen?«

»Genau, in der Natur, im Bett und im Winter im Landrover durch die Sahara.«

»Kinder?«

Kurz zögert er, ob er die Wahrheit sagen soll. Doch

warum nicht.

»Bloß nicht, Kinder waren noch nie mein Ding. Lieber zwei Hunde, Windhunde vielleicht, die nebenher über die Wiese flitzen, wenn ich auf meiner Offroadpiste trainiere.«

»Wie, auf deiner eigenen?«

»Klar, das Grundstück muss riesig sein. Hügelig und mit Teich.«

»Das ist aber 'n Widerspruch. Zu deiner auto-kritischen Haltung als Verkehrsplaner.«

»Klar. Hast du was gegen Widersprüche?«

Zum ersten Mal fehlen ihr die Worte. Er ist sich seiner Sache sicher.

»Widersprüche gehören zum Leben.«

Während sie sich wohlig an ihn kuschelt, langsam fallen ihr die Augen zu, plaudert er weiter, wie er in Wismar als Fahrlehrer arbeitet, sie als freiberufliche Schuhdesignerin zuhause und wenn er abends aus der Stadt auf den Hof kommt, den Einkauf fürs Abendessen im Fahrradkorb und sie Besuch hat von ihren Freundinnen, Canasta-Runde, dreht er noch ein paar Kurven mit seinem Roadster auf der Piste, bevor er für die Damen das Abendessen zubereitet. Wenn die Gäste dann endlich weg sind, können die Kleider fallen.

Tief und fest ist sie in seinem Arm eingeschlafen, eine Hand an seine Brust geklammert, wie wenn sie ihn für immer festhalten wollte. Er hält den Atem an, um diesen Zustand des Glücks in sich aufzusaugen.

235

Für alle Ewigkeit. Endlose Sekunden.

Vorsichtig, ganz langsam löst er seinen Körper von ihrem, küsst ihre Wange, lauscht ihrer Antwort auf seinen Kuss, einem leisen, wohlig-dankbaren Knurren. Ruhig fließt ihr Atem.

Er tritt nackt ans Fenster, schaut auf das im Mondlicht glitzernde Wasser der Ostsee. Noch nie in seinem Leben war er so glücklich. Hoffnungsfroh befreit. Abgesehen von dem einen Moment, am Ende der Zeremonie seiner Ordination, als der Meister vor den Augen von hundertzwanzig Mönchen die Hand auf seinen Kopf legte, die Trommeln und Trompeten immer lauter durch die Meditationshalle dröhnten und der Segen unermesslicher Liebe in ihn einströmte.

Er öffnet das Fenster, um den plätschernden Wellen, den schreienden Möwen, der Stille des Nachthimmels zu lauschen. Purer Genuss im gegenwärtigen Moment. Plötzlich gedämpft streitende Stimmen, eine Tür öffnet sich, das junge Paar vom Fliegenden Holsteiner, er sieht sie nicht, doch er kann hören, wie ihre Auseinandersetzung immer lauter wird, immer heftiger, immer verzweifelter. Der Koch möchte so gerne Kinder, je eher desto besser, also sofort, das war doch von Anfang an auch ihr Plan, eine Familie gründen, am Meer leben und arbeiten, das Haus ist jetzt fertig, die ersten Stammgäste im Restaurant, die ersten Übernachtungen, es geht voran, er ist glücklich mit ihr, er liebt sie über alles und Glück und Liebe ist die Basis für Kinder. Verdammt sie will doch auch und wie sehr sie ihn liebt, er muss aber doch einsehen, es ist der falsche Moment, wie soll das denn gehen mit einem Baby im Bauch oder an ihrer Brust, wie soll sie da abends die Gäste bedienen und eine Angestellte können sie sich noch nicht leisten, sie will doch ihre Kinder nicht ins Unglück stürzen, das muss er doch einsehen, wie sinnlos es ist, erst wenn sie auf sicheren Füßen stehen, in einem Jahr vielleicht oder in zweien, dann ist sie zu allem bereit. Er ist entsetzt, wie herzlos rational sie ihr gemeinsames Leben plant. Das Liebesglück scheint unaufhaltsam wie ein Kartenhaus in sich zusammen zu fallen und Bernhard schließt das Fenster.

Er blickt zur schlafenden Katrin, wie wunderschön diese Frau ist, wie himmlisch es wäre, sie für immer zu haben, das Leben mit ihr zu teilen, die regelmäßige Erotik, der Alltag, durch alle Höhen und Tiefen in dieser Welt zu gehen, gemeinsam alt zu werden. Vor seinem geistigen Auge taucht der Bauernhof auf, in sanfter, weicher Landschaft, die Blumen, die Hunde, die Sonne scheint auf den chromblitzenden Geländewagen, der Regen prasselt aufs Dach.

Alles ist vergänglich, jede Emotion mündet letztlich in Leid, nichts existiert dauerhaft, das ist die Grundlage buddhistischer Philosophie. Jeans, T-Shirt, ihre Kleidungsstücke, sie liegen zerstreut auf dem Teppich. Er lässt sich direkt vorm Bett im Schneidersitz nieder. Lange, sehr lange betrachtet er die Schlafende. Bis er schließlich die Bettdecke nimmt, die Frau seines Lebens mit aller Zärtlichkeit zudeckt, ihre Haare streichelt, bevor er sich leise wieder von ihr löst und aufsteht, um seine Hände betend vor die Brust zu heben.

Heimlich und in tiefer Dankbarkeit verbeugt er sich vor ihr.

Noch einmal verharrt er still, dann nimmt er die Reisetasche und schleicht sich auf Zehenspitzen ins Bad. In Zeitlupe, um bloß kein auch noch so kleines Geräusch zu verursachen, drückt er von innen die Klinke der Tür zu. Auf dem Badewannenrand sitzend befühlt er seine Lippen, seinen Bauch, seinen Penis. Wie berauschend das alles riecht. Nach ihr. Überall spürt er sie, ihre Hände, ihre Lippen, ihre wuscheligen Haare.

Endlich hat er es erlebt. Erfahren. Wenn er wollte, er würde eine Frau finden und lieben, wie er es sich früher immer gewünscht hatte. Am liebsten Katrin, obwohl, sie ist ja eigentlich verheiratet, noch zumindest. Oder eben eine andere, die zu einem möglichen weltlichen Leben passt. Das alles könnte jetzt vor ihm liegen.

Zum ersten Mal ist er frei.

Frei zu entscheiden, welcher Weg der Richtige ist.

In diesem Leben. Für ihn.

Er hat die Wahl. Dank ihr.

Wie lange er in seinen Erinnerungen verweilt, in den visualisierten Bildern lebt, die haptischen Erfahrungen genießt, den Düften nachspürt, er weiß es nicht. Doch irgendwann kommt der Moment, nach Minuten, nach gefühlten Stunden, in dem das Unvermeidliche in sein Gewahrsein rückt. Schwungvoll erhebt er sich, um in den Spiegel zu schauen.

Er fällt die Entscheidung. Für sein Leben.

Ein letztes Mal betrachtet er Bernhard. Mit Freude erinnert er, wie sich in der Erfüllung des letzten Höhepunktes die tiefgründige Erfahrung von Vergänglichkeit in seinem ganzen Körper ausgebreitet hatte. Das Erwachen der Erkenntnis aus der Tiefe seines Herzens:

Der Drang nach Wiederholung des Glücksgefühls,

der Drang nach mehr,

genau dieses Festhalten Wollen,

dieses Greifen,

dass es nie genug sein wird,

das war es,

die letztendliche Ursache von Leid.

Jedes irdische Glück erweist sich früher oder später als Leid.

Er weiß, was er zu tun hat.

Sein Weg ist ein anderer, der Weg zur letztendlichen Befreiung des Leids.

Er öffnet die Reisetasche.

Im Schlaf sucht ihre Hand seinen Körper, sie sehnt sich nach seiner Haut, nach ihm, tastet über das Bettlaken - und wird wach. Er ist nicht da. Sie richtet sich auf, auch seine Klamotten sind weg, seine Reisetasche. Ist er etwa? Der Mond scheint ins Zimmer, eine einzelne Möwe schreit über den Ostseestrand, suchend wandert ihr Blick durchs Zimmer, sie entdeckt den Lichtstrahl unter der Badezimmertür, steht auf, klopft, öffnet leise die Tür. Da sitzt er, auf der Badewanne, in seiner Mönchskleidung - ihr Klopfen hat er offenbar nicht bemerkt - und rasiert geduldig sorgfältig seinen Schädel.

Sie betritt das Bad, schließt geräuschvoll die Tür, jetzt erst schaut er hoch zu ihr, legt den Rasierer beiseite, schmunzelt sie unbedarft an. Sie weiß Bescheid und macht es unmissverständlich klar.
»Du hast mich benutzt.«
Er blickt erschrocken in ihre wütenden Augen, versteht kein Wort. Sie baut sich vor ihm auf, in all ihrer geballten nackten Weiblichkeit.
»Du hast alles gehabt und glaubst nun, du kannst mich fallen lassen wie 'ne heiße Kartoffel?«
Mit verschränkten Armen wartet sie auf seine Reaktion. Doch da kommt nichts, nur Augen die starren und ein halb geöffneter Mund. Nichts anderes war ja zu erwarten von dem weisen Herren

in roten Roben. Sie legt nach.

»In deinem Zölibat da in Asien gebe ich dir zwei Tage und du kannst dich auf kein Gebet mehr konzentrieren. Vor lauter Sehnsucht.«

Dreht sich um und lässt die Badezimmertür knallen.

Vor dem Bett steht sie, auf dem weichen Teppichboden, erschrocken über sich und ihre plötzlich entfesselte, dumme Gehässigkeit, gerade jetzt, keine Stunde nach diesen immer wieder neu aufwallenden Schauern der Lust, diesen wunderbar wohltuenden Zärtlichkeiten, die Akzeptanz als begehrenswertes Wesen, die sie so viele Jahre missen musste, die beinah in Vergessenheit geraten war. Tränen hüpfen aus ihren Augen, kullern über ihre Wangen, was hat sie da gerade bloß gesagt, wieso war sie wie aus dem Nichts dermaßen verletzend, was hatte sie denn so tief getroffen, sollte er sie gleich heiraten wollen, nur weil sie ein paar Stunden zusammen... Wie lächerlich kleinlich sie doch ist, als wenn sie geglaubt hätte, sofort eine Alternative zu finden für ihre verkorkste Ehe. Andererseits, irgendwie hat er sie ja schon ausgenutzt, oder? Benutzt. Um sich von seinem Trauma zu befreien. Benutzen lassen will sie sich aber nicht, schon gar nicht von einem Mönch. Sie klettert zurück ins Bett, unter die Bettdecke, an die Wand gelehnt, mit angezogenen Knien, so kauert sie, den Blick Richtung Bad, wann kommt er endlich, sie will mit ihm reden, er muss es begreifen, dass es

241

nicht geht, sich einfach davonmachen, das ist doch kein Abschluss für...

Auf und ab tänzeln ihre aufgewühlten Gedanken. Bis sie sich irgendwann beruhigt und wahrnimmt, wie sich langsam Gelassenheit in ihr ausbreitet und zu Klarheit führt. Das Streitgespräch am Bach kommt ihr in Erinnerung, wie er auf sie eingeredet hat, dass sie der Schöpfer ihres Glücks oder Unglücks ist, die Chefin ihrer Gedanken und Gefühle, von denen wir uns beherrschen lassen, weil wir glauben, ihnen ohnmächtig ausgeliefert zu sein. Und dass wir die Verantwortung für unsere Gefühle übernehmen sollten, statt den anderen die Schuld zu geben.

Sie denkt nach. Ja, intelligent ist er schon, nicht nur zärtlich und charmant.

In der Hand der Rasierer, Blick auf die geschlossene Badezimmertür, er auf dem Badewannenrand, grübelnd. Was könnte er falsch gemacht haben? Hoffnungen geweckt, die sie als unerfüllbar erkannt hat? Oder liegt sie richtig und seine Entscheidung steht auf dünnem Eis? Die Entscheidung für Enthaltsamkeit. Nach der größten ersten erfüllten Zufriedenheit seines Körpers. Doch er entscheidet sich schließlich nicht gegen etwas. Schon gar nicht gegen sie. Sondern für. Für den monastischen Weg. Außerdem, er hat nichts erzwungen, es war die wie von selbst fließende Harmonie zwischen ihr und ihm, die den Mut in ihm erweckt hatte. Du hast mich benutzt. Nein, hat er nicht. Er wird sich erklären, keine Frage. Aber nicht mit Vorträgen. Das ging im Wald zurecht schief. Er wird ihr klar machen, was er ihr gegeben hat. Ohne Worte. Morgen früh, nach dem Frühstück. Da wird er ihr zeigen, wie groß die Bereicherung ihrer Begegnung ist. Nicht nur für ihn, sondern auch für sie.

Er legt den Rasierer beiseite, setzt sich in Meditationshaltung, bemüht alle Gedanken loszulassen oder zumindest nicht an ihnen festzuhalten, lässt er das Vertrauen in sich reifen, dass sie ihn versteht. Schließlich entkleidet er sich.

Tritt wenig später nackt vors Bett und kniet nieder. Vor ihr. Sie liegt unter der Bettdecke, mit wachen Augen blickt sie ihn an, gespannt, erstaunlich offenherzig, geradezu wohlwollend. Er hebt die Hände wie zum Gebet und macht eine tiefe Verbeugung vor ihr. Ausdruck tiefster Dankbarkeit. Peinlich berührt, gleichzeitig beeindruckt muss sie schmunzeln und schüttelt den Kopf.

Er nimmt die zweite Bettdecke, legt sich neben sie, deckt sich zu, seinen ganzen Körper, bis zum Hals. Zwei Augenpaare. Zwei Verliebte. Er spricht.

»Ich danke dir, von ganzem Herzen, dass ich dir begegnen durfte, dich berühren durfte, dich lieben durfte. Ich werde dich in meine Gebete einschließen. Jeden Tag.«

Als sie am nächsten Morgen aufwacht, sieht sie ihn mit aufrechtem Rücken am Fußende des Bettes sitzen, mit komplett kahlgeschorenem Kopf, in seinen Roben warmherzig lächelnd. Ein klitzekleines bisschen, aber nicht wirklich, ist sie enttäuscht, dass er wieder die roten Klamotten trägt. Mit der Bettdecke bedeckt sie ihren Oberkörper, als sie sich aufrichtet.

Beide schauen sich an. Ohne zu sprechen. Liebevolle Blicke. Sie lässt sich von seinem Schweigen inspirieren. Wie wohltuend bereichernd verbindend es sein kann, gemeinsam zu schweigen. Das Geräusch ihres eigenen Atems, die warme nackte Haut unter der Bettdecke, sein tiefgründiger, gelassener Blick, der zischende Klang kleiner Ostseewellen, die sich unten vor dem Haus auf sandigem Strand brechen, das entfernte Schreien der Möwen, all das nimmt sie wahr und sie genießt es.

Irgendwann lächelt sie ihn an.

»Schließ die Augen.«

Ohne zu zögern hält er gehorsam die Hände vors Gesicht. Sie schlägt die Bettdecke zurück und richtet sich auf. Unbekleidet zeigt sie ihm ihre Reize. Einen Moment wartet sie, um zu prüfen, ob er nicht doch reagiert, weil er heimlich durch die Finger linst. Er tut es nicht. Oder zumindest zeigt er es nicht. Sie erhebt sich, um sich anzuziehen und anschließend wieder aufs Bett zu setzen.

»Jetzt.«

Er öffnet seine Augen und lacht.

Weil er sich von ihr verstanden fühlt.

»Haben die dich damals im Kloster eigentlich mit offenen Armen empfangen und schwupps warst du Mönch?«

»Nee. Ständig kommen da Europäer an, die inspiriert sind vom einfachen Leben der Mönche und mitmachen wollen. Aber im Kloster zu leben ist weder eine touristische Veranstaltung noch ein Selbsterfahrungs-seminar für eifrige Sinnsucher. Es ist echt harte Arbeit. Viele Wochen und Monate habe ich für die Ordination gekämpft...«

»Du wusstest also doch wie das geht.«

»Was?«

»Kämpfen.«

»Naja, ich habe mir unten im Dorf ein einfaches Zimmer gemietet und jeden Morgen dem Kloster meine Arbeitskraft unentgeltlich angeboten. Um zu zeigen, wie nützlich ich für die Gemeinschaft sein kann. Ich habe technische Geräte repariert, bei Internet-Problemen geholfen und mich bei anderen Sorgenbereichen eingebracht, deren Lösung Europäern eben leichter fällt als asiatischen Mönchen. Irgendwann durfte ich schließlich an den nicht öffentlichen Meditationssitzungen teilnehmen.«

Tenpa kommt ins Erzählen und berichtet schwärmerisch von den Weisheitslehren, die er

245

seitdem regelmäßig studiert. Katrin hört mit ganzem Herzen zu, ohne sich die Scheuklappen ihres kritischen Bewusstseins anzulegen. Sie beginnt zu ahnen, warum er glaubt, auf dem monastischen Weg zu einem Glück zu finden, das unabhängig war von gesellschaftlichen Bestätigungen und persönlichen Erfolgen. So weit, so gut. Aber etwas anderes ist ihr unklar.

»Wieso muss man dafür unbedingt nach Asien ins Kloster?«

Er lässt sich Zeit, wägt die Formulierung seiner Worte genau ab.

»Um die tiefe Bedeutung von Vergänglichkeit und wechselseitiger Abhängigkeit aller Phänomene zu erfahren, um zu kapieren, wie logisch und glücksbringend es für einen selbst ist, wenn man eine mitfühlende Haltung entwickelt gegenüber allen Lebewesen und das Wohl anderer in den Mittelpunkt stellt... «

Er zelebriert eine Pause, holt tief Luft,

»...dafür muss man nicht ins Kloster. Und schon gar nicht nach Asien.«

Mehr will sie gar nicht hören. Aus gutem Grund fragt sie nicht nach. Es ist der Augenblick, in dem sie begreift, wie unbegreiflich seine Entscheidung für sie immer bleiben wird, ganz gleich was er ihr noch alles Kluges und Weises erklären mag. Ihre Unterschiedlichkeit bleibt unvereinbar mit ihrem Leben. Sie rutscht zur Bettkante, um sich die Schuhe anzuziehen.

Nach dem ausgiebigen Frühstück - und Tenpa hat es so richtig krachen lassen, für drei hat er gefuttert, Spiegeleier, Leberwurst, Jagdwurst, Schinken, Heringssalat, Obstsalat, die Bedienung war mächtig begeistert über seinen Appetit und konnte alles bieten, wonach es ihm verlangte - geht er mit Katrin auf den Landrover zu. Sie will wissen, ob sein tibetischer Name etwas bedeutet. Er grinst.

»Klar.«

»Und?«

»Es heißt 'Lehren des Buddha'.«

»Aha, so klug bist du schon?«

»Nee, es ist eher die Ermutigung, meine Dummheit loszulassen.«

Er öffnet lachend die Fahrertür, doch er steigt nicht ein, macht stattdessen mit der Hand eine einladende Geste.

»Bitte.«

Das ist sein Moment. Ihr erschrockener Blick zum Lenkrad, sein aufmunterndes, entschiedenes Nicken, sie zögert, geht dann auf ihn zu, an ihm vorbei, setzt sich vorsichtig hinters Steuer, das erste Mal seit sieben Jahren, blickt zu ihm auf, soll ich wirklich, er nickt, sie startet den Motor. Er schließt ihre Tür und steigt auf der Beifahrerseite ein. Ein letzter fragender Blick und langsam tritt sie die Kupplung, legt den ersten Gang ein, betätigt das Gaspedal, lässt die

Kupplung zaghaft kommen. Ohne zu Rucken setzt sich der schwere Geländewagen in Bewegung. Erleichterung und Dankbarkeit in Katrins Augen.

Es war sein ausdrücklicher Wunsch, sich an dem Ort voneinander zu verabschieden, an dem seine Erfahrung begann. Also steht der Landrover am Ende ihrer gemeinsamen Reise auf dem Feldweg neben dem Gleis, unweit des Bahnübergangs. Beide steigen aus. Es entgeht ihr nicht, wie er seine Hände in den Roben verschwinden lässt. Sie steckt ihre in die Windjacke.

»Wirst du nicht Schwierigkeiten kriegen, wenn du wieder im Kloster bist?«

Ohne zu zögern antwortet er.

»Darüber denke ich nach, wenn ich angekommen bin.«

Er hat nur Augen für sie, in diesem Moment.

»Du bist der ungewöhnlichste Mann, dem ich je begegnet bin.«

Ein letzter Blick zwischen den beiden.

»Leb wohl.«

»Du auch.«

Damit dreht sie sich um und setzt sich wieder ans Steuer. Seine Augen folgen ihr und dem Wagen, wie er über die Landstraße davonfährt und in der Unendlichkeit der Mecklenburgischen Landschaft verschwindet.

Eine Hupe ertönt. Es ist sein 'Fahrlehrer' für land-

wirtschaftliche Nutzfahrzeuge, Herbert Kuballa, der
gerade den Trecker über den Bahnübergang steuert
und ihm zuwinkt. Tenpa grüßt zurück, hüpft über das
Bahngleis und verschwindet im Wald.
Ein Kuckuck schreit.

DREIZEHN

Der Papierkorb, die defekte Bahnhofsuhr, der
mickerige Fahrplan an der Blechwand des offenen
Wartehäuschens. Nichts scheint verändert am
'Bahnhof' von 'Schloss Glankow'. Er sitzt mit seiner
Reisetasche auf der Bank im Blechhäuschen und
betrachtet die Rehe, die friedlich am Waldrand
grasen.

Sehr sorgfältig hatte er den kleinen Schrein verpackt,
die Buddhastatue, das Thangka und das Foto seines
Meisters in roten Samt gehüllt, alle drei in den
gefütterten, bunt bemalten Stoffbeutel gelegt, in der
Reisetasche verstaut und als letztes, oben drauf, die
alte Landkarte mit den markierten Geländerouten.
Jeans und T-Shirt lagen gefaltet auf dem Couchtisch,
als er das Apartment verließ.

Silke Lewald hatte es sich nicht nehmen lassen, den Mönch zu fahren. In ihrem Dacia Logan ging es ab durch den Wald. Weil der Rauch ihrer Zigarette schwierig für ihn war, öffnete er beiläufig das Fenster, Silke war aufmerksam genug und drückte sofort ihre Zigarette aus. An der Bahnhaltestelle angekommen, schaltete sie den Motor ab und blickte den Mann in roten Roben wohlwollend an.

»Ich mag Männer, die wissen was sie wollen.«

Sie kramte aus der Innentasche ihrer Jacke eine kleine Flasche Rotwein und hielt sie ihm hin.

»Ich hab meine Kunst, du deinen Buddha. Doch falls es mal eng wird...«

Er nahm das Fläschchen.

»Herzlichen Dank.«

»Sag mal, kann man dich da eigentlich besuchen?«

»Klar, gerne.«

»Hattest du schon Besuch?«

»Einmal. Ein Kumpel aus der Studienzeit. Wir haben früher regelmäßig zusammen gekickert.«

»Und, wie war das, einen alten Freund zu sehen?«

»Super. Ich habe frei bekommen, wir sind runter ins Dorf in den teashop eines Nepalis, wo im Nebenraum ein Kickertisch steht.«

»Konntest du es noch?«

Tenpa grinste.

Er erhebt sich von der Bank im Blechhäuschen und

tritt auf den Bahnsteig hinaus in die Sonne. Erneut betrachtet er Silkes Rotwein, ein Bordeaux, Jahrgang '98, dreizehn Prozent. Ein Blick zum Papierkorb und das Fläschchen verschwindet unauffällig in seinen monastischen Gewändern. Dabei entdeckt seine Hand etwas und holt es hervor. Es ist ein Foto von Katrin, wie sie lacht.

Peter Lichtefeld ist Regisseur und Drehbuchautor. Der gebürtige Dortmunder lebt und schreibt in Berlin und Svendborg.
'Tenpa kehrt zurück' ist sein erster Roman.